rororo

Lektorat Bernd Jost

Zu diesem Buch

Wie muss ein Kinderzimmer ausgestattet sein, um Schlafen, Spielen und Lernen am besten zu ermöglichen? Wie kann ich durch die Gestaltung des Raums mein Kind fördern und stärken? Das Buch richtet sich an Eltern und Kinder: Es hilft den Erwachsenen, die Techniken des Feng Shui auf das Kinderzimmer anzuwenden, und unterstützt die Kinder, ihren Raum aktiv und kreativ mitzugestalten.

Christopher A. Weidner

Feng Shui gegen das Gerümpel im Kinderzimmer

Raum schaffen • Talente fördern

Rowohlt Taschenbuch Verlag

Inhalt

Originalausgabe
Veröffentlicht im Rowohlt Taschenbuch Verlag,
Reinbek bei Hamburg, April 2004

Umschlaggestaltung any.way, Wiebke Buckow
(Foto: zefa)
Reihenlayout Christine Lohmann
Satz Proforma PostScript (QuarkXPress)
bei KCS, Buchholz/Hamburg
Druck und Bindung Landesverlag
Druckservice, Linz
Printed in Austria
ISBN 3 499 61606 8

Einleitung 7

Wie schaut's denn hier wieder aus! 8

Unordnung – typisch Kind? 8

Gutes Feng Shui im Kinderzimmer 10

Äußeres Feng Shui – inneres Feng Shui 11

Feng Shui für Kinder – Feng Shui mit Kindern 12

Drei goldene Regeln 14

Der Aufbau des Buches 15

Yin und Yang 19

Leben zwischen Sturm und Stille

Die beiden Pole des Lebens 20

Sturm und Stille 21

Inseln der Stille schaffen 23

Dem Sturm freien Lauf lassen 24

Qi und Sha 27

Mehr Raum für Kinder

Das Geheimnis guter Räume 28

Qi - Leben ist Qi in Bewegung 28

Sha - lebensfeindliche Energie 29

Der Lebensfluss in den eigenen vier Wänden 31

Das Haus atmen lassen 34

Qi fördern - Sha umwandeln 35

Kinderzimmer 42

Die Sache mit dem Aufräumen 57

Die fünf Elemente 63

Das Leben ist Wandlung

Die fünf Gehweisen des Lebens 64

Die Elemente im Leben der Kinder 67

Die Elemente im Leben der Eltern 75

Die Acht Lebenswünsche 81

Raum für Bedürfnisse

Die grundlegenden Bedürfnisse des Menschen 82

Heilmittel für die Acht Lebenswünsche 83

Welche Räume sind geeignet? 84

Wie richte ich das Muster der Ba Gua aus? 85

Was Kinder brauchen - die Anwendung der Ba Gua 86

Donner - das Bedürfnis nach Selbständigkeit 89

Wind - Das Bedürfnis nach Sicherheit 91

Feuer - das Bedürfnis nach Anerkennung 92

Erde – das Bedürfnis nach Liebe 94

See – das Bedürfnis nach Gemeinschaft 96

Himmel – das Bedürfnis nach Orientierung 98

Wasser – das Bedürfnis nach Selbstschöpfung 100

Berg – das Bedürfnis nach innerer Ordnung 102

Symbole-Lexikon 105

Aufbau und Anwendung der Symbole 106

Entsprechungen für Holz 107

Entsprechungen für Feuer 109

Entsprechungen für Erde 111

Entsprechungen für Metall 113

Entsprechungen für Wasser 115

Der Drachenbaum 119

Ein Feng Shui-Märchen

Literatur 127

Bildnachweis 127

Über den Autor 128

Einleitung

Eure Kinder sind nicht eure Kinder.Sie sind die Söhne und Töchter der Sehnsucht des Lebens nach sich selber.Sie kommen durch euch, aber nicht von euch,Und obwohl sie mit euch sind, gehören sie euch doch nicht.Ihr dürft ihnen eure Liebe geben, aber nicht eure Gedanken,Denn sie haben ihre eigenen Gedanken.Ihr dürft ihren Körpern ein Haus geben, aber nicht ihren Seelen,Denn ihre Seelen wohnen im Haus von morgen, das ihr nicht besuchen könnt, nicht einmal in euren Träumen. Ihr dürft euch bemühen, wie sie zu sein, aber versucht nicht, sie euch ähnlich zu machen.Denn das Leben läuft nicht rückwärts, noch verweilt es im Gestern.Ihr seid die Bogen, von denen eure Kinder als lebende Pfeile ausgeschickt werden.Der Schütze sieht das Ziel auf dem Pfad der Unendlichkeit, und er spannt euch mit seiner Macht, damit seine Pfeile schnell und weit fliegen.Lasst euren Bogen von der Hand des Schützen auf Freude gerichtet sein;Denn so wie er den Pfeil liebt, der fliegt, so liebt er auch den Bogen, der fest ist.

Aus Khalil Gibran, Der Prophet

Wie schaut's denn hier wieder aus!

«So ein Saustall!» Die Regale im Kinderzimmer sind wie leer gefegt, den Boden kann man gar nicht mehr sehen, geschweige denn betreten: Überall liegen Bauklötze herum, vermischt mit Puzzleteilen, dazwischen ein paar aufgeschlagene Bilderbücher, unter denen hier und dort das Bein oder der Arm einer Puppe hervorragt. Stühle sind umgekippt, Tische verschoben. Inmitten dieses Chaos sitzt irgendwo Ihr Kind und kritzelt auf Unmengen weißes Papier mit Buntstiften, die schon lange keine Schachtel mehr von innen gesehen haben, seine Bilder und vergnügt sich …
Vielleicht halten Sie dieses Buch gerade in Ihren Händen, weil Ihnen Situationen wie diese bekannt vorkommen. Sicher – ein wenig übertrieben ist die Darstellung schon, oder etwa nicht? Wenn das dem alltäglichen Zustand des Kinderzimmers schon ziemlich nahe kommt, dann wird es höchste Zeit, etwas zu unternehmen! Aber was? Und warum ausgerechnet Feng Shui?
«Kinder sind nun mal unordentlich!», sagen Sie sich vielleicht. *«Da kann man gar nichts machen. – Und wenn überhaupt, dann geht da nur etwas mit Druck!»* Chaos im Kinderzimmer – ein Thema, bei dem Eltern oft rot sehen und Kinder irgendwann «muttertaub» werden – so nennen Pädagogen das Phänomen, wenn Kinder bei den gewohnheitsmäßigen Standpauken die Ohren auf Durchzug stellen. Und das trägt nicht gerade zur allgemeinen Entspannung bei.

Unordnung – typisch Kind?

Was sagt Feng Shui dazu?
Da gibt es zunächst einen ganz einfachen und einleuchtenden Grundgedanken: Das Äußere wird zum Abbild des Inneren, und das Innere drückt sich im Äußeren aus – *wie innen, so außen.* Äußere Unordnung ist aus dieser Perspektive immer ein Hinweis für innere Unordnung, das Chaos im Kinderzimmer ist Spiegel des Chaos im Kind selbst. Außerdem gehen wir davon aus, dass sich die Unordnung im Äußeren ungünstig auf die innere Ord-

nung auswirkt: Werden wir zu lange chaotischen Umständen ausgesetzt, verlieren wir auch den Bezug zu uns selbst. Die Folgen sind Beeinträchtigungen unseres Wohlbefindens und unserer Gesundheit. Kurz: Unordnung ist ungesund. Und das führt schon zu einem weiteren, noch wichtigeren Grundgedanken in Bezug auf unsere Kinder: *Jeder Mensch kommt mit einem Bedürfnis nach Ordnung auf die Welt.* Und deshalb sind Sätze wie: «*Kinder sind eben unordentlich*» aus der Sicht des Feng Shui unsinnig, denn es würde bedeuten, dass Kinder sich freiwillig in einen Zustand begeben, der ihnen im Grunde nicht gut tut. Kinder lieben Ordnung – weil alle Menschen Ordnung lieben und brauchen, um ihr seelisches Gleichgewicht aufrechtzuerhalten und sich sicher in ihrer Umwelt bewegen zu können. Wenn Kinder also unordentlich sind, entspricht dies ganz und gar nicht einem in ihnen wie auch immer angelegten Impuls, dem sie nicht widerstehen könnten. Nur haben Kinder zum einen nicht selten eine andere Vorstellung davon, was «aufgeräumt» bedeutet, zum anderen sind sie oft nicht in der Lage, von selbst Ordnung herzustellen, *weil die Kinderzimmer, in denen sie leben müssen, nicht den kindlichen Bedürfnissen entsprechen.* Unordnung entsteht dadurch, dass die Dinge nicht mehr an den Platz geräumt werden, an den sie gehören. Damit Kinder Ordnung halten können, muss die Umgebung entsprechend ihren körperlichen und mentalen Fähigkeiten gestaltet sein: Sie müssen in der Lage sein, von selbst ihrem inneren Wunsch nach Ordnung Folge leisten zu können. Wenn die Regale zu hoch, das Zimmer zu voll gestopft, die Anordnung der Möbel zu unübersichtlich ist, wird das Kind schnell den Überblick verlieren und sich dem Chaos ergeben. Aus der Sicht des Feng Shui hat dies wiederum Folgen auf das Befinden des Kindes, denn die daraus entstehende Unordnung wird die Entwicklung des Kindes über kurz oder lang blockieren.

Gutes Feng Shui im Kinderzimmer

Zwei Leitgedanken für gutes Feng Shui im Kinderzimmer ergeben sich aus den vorangehenden Überlegungen:

1. Gutes Feng Shui ist Ausdruck der Persönlichkeit des Kindes und spiegelt die innere Ordnung eines Kindes.
2. Gutes Feng Shui sorgt für eine optimale Umgebung, damit sich die Persönlichkeit des Kindes ungestört entfalten kann.

Was bedeutet dies für Sie als Eltern, Erziehende, Erwachsene, die mit Kindern zu tun haben?
Es bedeutet zum einen, dass Sie sich mit der Persönlichkeit Ihres Kindes auseinander setzen müssen, um mehr über seine innere Ordnung zu erfahren, nach der es gerne seine Umwelt gestalten möchte, sodass es sich in ihr wohl fühlen kann. Das heißt aber auch, dass Sie sich sehr wahrscheinlich von der einen oder anderen lieb gewonnenen Vorstellung darüber, was ordentlich ist und was nicht, verabschieden müssen. Zum anderen aber bedeutet es, den Kindern eine Umwelt zur Verfügung zu stellen, in denen Kindsein grundsätzlich möglich ist, das heißt, die den Bedürfnissen eines Kindes gerecht wird und geeignet ist, seine Entwicklung zu fördern. Dies umfasst Bemühungen, die neben der Rücksicht auf die Persönlichkeit des Kindes auch ganz allgemeine Gestaltungsprinzipien im Kinderzimmer zur Geltung bringen müssen.

Äußeres Feng Shui – inneres Feng Shui

Daraus wird klar: Ziel von Feng Shui kann es nicht sein, bestimmte idealtypische Vorgaben zu machen, wie das perfekte Kinderzimmer auszusehen habe. Feng Shui beinhaltet mehr, als nur die Möbel mit Methode zu verrücken und zu verschieben. Wer sich auf die Prinzipien des Feng Shui einlässt, der wird schnell merken, dass es eine bestimmte Grundhaltung zum Leben darstellt. Feng Shui sieht den Menschen als Schöpfer seiner Umwelt und die Umwelt wiederum als Gestalter des Menschen – es ist ein ganzheitliches Konzept, in dem der Mensch nicht getrennt von dem betrachtet wird, was ihn umgibt.
Deshalb gibt es neben dem *äußeren Feng Shui* auch ein *inneres Feng Shui*, das sich damit beschäftigt, die Veränderungen, die wir in der Außenwelt bewusst gestalten, auch innerlich zu verankern. Nur wenn wir das Innen mit dem Außen aktiv verknüpfen, können wir aus dem vollen Potenzial des Feng Shui schöpfen – sonst haben wir am Ende doch nichts weiter getan als ein paar Möbelstücke verschoben und hier und da ein Klangspiel aufgehängt.
Aus diesem Grund werden Sie in diesem Buch immer wieder dazu angehalten, vor den Veränderungen, die Sie in Gang setzen möchten, darüber zu reflektieren, was Sie wirklich möchten – *und vor allen Dingen das, was Ihre Kinder wirklich brauchen.*
Feng Shui kann sehr gut zum äußeren symbolischen Ausdruck unserer inneren Bedürfnisse werden und so die Chance erhöhen, dass wir auch bekommen, was wir brauchen. Dies setzt aber voraus, dass wir in Kontakt mit unseren Bedürfnissen stehen, dass wir spüren können, was jetzt wichtig ist und was nicht.
Kinder wissen oft sehr genau, was Sie brauchen – Sie können es nur manchmal noch nicht so klar kommunizieren, und manchmal sind sie einfach auch verwirrt, weil sie einem Überangebot an Dingen, die man brauchen *könnte*, ausgesetzt sind. Gerade diese Überflutung an Reizen macht es vielen Kindern unmöglich, genau zu erspüren, was sie gerade wirklich benötigen. Hier können Erwachsene konstruktiv mit den Kindern arbeiten, indem sie sie genau beobachten und die richtigen Fragen stellen – und indem sie eine Umgebung zur Verfügung stel-

len, in welcher der Kontakt zu den eigenen Bedürfnissen leicht fällt. Letztlich aber ist nichts wichtiger als das Vorbild der Erwachsenen: Erst wenn Kinder merken, dass Eltern für sich selbst genau unterscheiden können, was wirklich wichtig ist und was nicht, werden sie anfangen, sich auf sich selbst zu konzentrieren, um ihrer eigenen inneren Ordnung zu folgen.

Feng Shui für Kinder – Feng Shui mit Kindern

Feng Shui für Kinder setzt also auch eine grundsätzliche Haltung zu Kindern seitens der Erwachsenen voraus. Diese will ich hier kurz skizzieren:

Im Feng Shui betrachten wir ein Kind als vollwertig geborenen Menschen – es wird nicht erst durch Erziehung zum Menschen gemacht. Feng Shui für Kinder ist daher keine «kindlichere» Variante des «großen» Feng Shui, bei dem nur die entsprechenden Accessoires und Details durch «niedlichere» ersetzt werden. Feng Shui für Kinder baut auf den gleichen Grundlagen auf wie Feng Shui für Erwachsene, verwendet dieselben Symbole – nur berücksichtigt es die besonderen Bedürfnisse von Kindern bei der Umsetzung.

Das Besondere am Menschen ist seine Freiheit – er will frei wählen können, womit er sich beschäftigt und was er tut. Feng Shui für Kinder passt daher den Lebensraum den Bedürfnissen der Kinder an – und nicht umgekehrt. Dieser Lebensraum ist in erster Linie Freiraum – er gibt dem Kind die Freiheit, sich seiner Entwicklungsstufe gemäß auszuleben und zu entfalten. Feng Shui für Kinder schreibt nicht vor, was richtig und falsch ist, wenn es darum geht, den Lebensraum von Kindern zu gestalten, sondern es organisiert die Umwelt des Kindes, indem es sich am Wesen des Kindes orientiert.

Kinder haben das Recht auf individuelle Hilfestellung bei ihre Entwicklung – und sie haben Anspruch darauf, dass alles unterlassen wird, was ihre Entwicklung blockiert.

Oberste Aufgabe von Feng Shui für Kinder ist es deshalb, für eine Umwelt zu sorgen, die geeignet ist, Hilfe zur Selbsthilfe zu geben. Sie bevormundet das Kind nicht in seiner Entwicklung, sondern ist Stütze für die freie Entfaltung.

Jedes Kind ist anders. Es gibt grundsätzliche Richtlinien für gutes Feng Shui im Lebensraum von Kindern, doch sind sie lediglich Leitprinzipien bei der Gestaltung, die sich an der Individualität des einzelnen Kindes ausrichten muss. Jedes Kind wird mit einem inneren Plan geboren, aus dem heraus es sich in die Welt hinein entwickelt. Das Kind ist von Anfang an der Baumeister seiner selbst und der Schöpfer seiner Persönlichkeit – nicht der Erwachsene. Dieser innere Plan ist ein individuelles Gefüge aus Möglichkeiten, mit denen ein Mensch geboren wird. Es ist Aufgabe der Erwachsenen, eine Umwelt zur Verfügung zu stellen, die eine optimale Verwirklichung dieses Planes erlaubt. Erwachsene können mit Hilfe von Feng Shui Kindern eine Umwelt schaffen, die dem jeweiligen inneren Plan entspricht und zugleich übergeordneten Prinzipien gerecht wird. Dies bedeutet, dass Erwachsene Feng Shui einsetzen, um die Orientierung des Kindes in der noch fremden Welt der Erwachsenen zu ermöglichen und zugleich darauf achten, dass Kinder nicht in ihren Bedürfnissen beschnitten werden.

Kurz: Feng Shui macht aus Ihren Kindern keine besseren Kinder – Ihre Kinder sind so, wie sie sind, schon gut! Aber Feng Shui kann helfen, Ihre Kinder besser zu verstehen und ihre Umgebung so zu organisieren, dass sie sich in ihrer Entwicklung gestärkt und gestützt fühlen. Feng Shui für Kinder muss aber in erster Linie auch ein Feng Shui *mit Kindern* sein. Dies bedeutet, dass Sie sich vor jeder Veränderung der Umgebung Ihres Kindes auch dessen Einverständnis holen sollten. Das ist natürlich je nach Entwicklungsstufe unterschiedlich zu bewerten: Solange ein Kind nicht in der Lage ist, sich frei zu artikulieren und mit uns über die Sprache in Kommunikation zu treten, werden Sie Ihre Entscheidungen eher auf Beobachtungen gründen und sich auf Ihr Gespür dafür verlassen, ob Ihr Kind mit der Gestaltung seiner Umgebung einverstanden ist oder nicht. Später schließlich ist es unbedingt erforderlich, alle Veränderungen unmittelbar mit den Wünschen des Kindes abzustimmen. Neben dem Einbeziehen des individuellen Geschmacks und Formempfindens Ihres Kindes sollten Sie es ebenso auch schon so früh wie möglich auf die Konsequenzen seiner Wahl aufmerksam machen und es zum Beispiel bei der Auswahl von Material beraten. Versuchen Sie einen Kompromiss zu finden, zwischen dem, was notwendig und sinnvoll ist, und dem, was das Kind sich vorstellt. So schaffen Sie genügend Freiraum für eigene Erfahrungen: Das stärkt das Selbstbewusstsein, entwickelt die Urteilsfähigkeit und schult das Bewusstsein, dass man für seine Entscheidungen auch die Verantwortung übernehmen muss. Machen Sie sich zum besten Berater Ihres Kindes, der darauf achtet, dass die Wünsche des Kindes in einem vernünftigen und nachhaltigen Sinne erfüllt werden.

Drei goldene Regeln

Bevor Sie nun loslegen und sich gemeinsam mit Ihrem Kind an die Umgestaltung Ihrer vier Wände machen, möchte ich Ihnen für gutes Feng Shui noch drei einfache *Goldene Regeln* ans Herz legen. Sie sollen Ihnen als Leitgedanken helfen, die angemessenste Lösung für Ihre Situation zu finden:

1. Der Grundsatz der einfachen Lösung

Lösungen im Feng Shui sollen einfach und nahe liegend sein. Wir müssen keine komplizierten Umwege machen, um das Feng Shui unseres Lebensraumes zu stärken und zu verbessern. Wer also die Wahl

zwischen mehreren Lösungen hat, sollte stets diejenige wählen, die am leichtesten umzusetzen ist.

2. Der Grundsatz der angemessenen Lösung

Eine gute Feng Shui-Lösung ist immer angepasst an die Situation, in der sie zur Anwendung kommt.

Nicht immer muss man gleich das gesamte Arsenal an möglichen Hilfsmitteln aufbieten: In den meisten Fällen genügt schon die Veränderung eines winzigen Details, um die gewünschte Wirkung zu erzielen. Hier ist entscheidend, dass diejenigen, die sich für Feng Shui als Grundlage zur Gestaltung ihres Lebensraumes entscheiden, auch lernen, die Sinne zu schärfen, damit sie die Bedürfnisse eines Raumes genau erspüren und das rechte Maß treffen können.

3. Der Grundsatz der schlichten Lösung

Die besten Feng Shui-Lösungen sind zugleich auch die unauffälligsten. Sie stimmen mit unserem persönlichen Geschmack überein und gliedern sich harmonisch in unser vertrautes Umfeld ein. So manches Glück und Wohlstand versprechende Feng Shui-Utensil ist allein schon deshalb fehl am Platz in Ihren vier Wänden, weil es schlicht und ergreifend weder Ihnen noch Ihrem Kind gefällt. Sobald Sie einen noch so gut gemeinten Feng Shui-Gegenstand als Fremdkörper empfinden, hat er in Ihrem Lebensraum nichts zu suchen! Vertrauen Sie nicht den Angeboten einschlägiger Kataloge, sondern lieber Ihrem eigenen Empfinden für Schönheit und dem Ihres Kindes. Entwickeln Sie gemeinsam eine eigene Kreativität. Dieses Buch möchte Ihnen dazu Anregung, Anleitung und Fundus sein.

Der Aufbau des Buches

Zunächst gehen wir im Kapitel *Yin und Yang – Leben zwischen Sturm und Stille* der grundsätzlichen Frage nach, welche Eigenschaften aus der Sicht des Feng Shui ein Kinderzimmer in der heutigen Zeit haben sollte.
Konkrete Tipps und Hinweise, wie Sie den Energiefluss im Kinderzimmer fördern und schädliche Einflüsse fernhalten können, bekommen Sie im Kapitel *Qi und Sha – mehr Raum für Kinder.* Ausführlich werden dort Fragen zur Einrichtung und zur Gestaltung des Kinderzimmers beantwortet. Auch ein Abschnitt über das Thema Ordnung und wie Sie dies im Umgang mit Ihren Kindern angehen können fehlt hier nicht.
Im Kapitel *Die fünf Elemente – das Leben ist Wandel* erfahren Sie, wie Feng

Shui Ihnen helfen kann, über die Gestaltung der Umwelt einen Beitrag zur inneren Zufriedenheit Ihrer Kinder leisten können, indem Sie die Energien Ihres Kindes mit denen der Umgebung ausgleichen.

Das Kapitel *Die acht Lebenswünsche – Raum für Bedürfnisse* beschäftigt sich mit konkreten Situationen und Phasen, in denen Kinder Schwierigkeiten haben können, sich angemessen um die Erfüllung ihrer Bedürfnisse zu kümmern. Hier werden Sie eingeladen, sich näher mit dem auseinander zu setzen, was Ihre Kinder jetzt gerade wirklich brauchen und wie Sie mit den Heilmitteln des Feng Shui eine Umgebung schaffen können, in der es Ihren Kindern leichter fällt, das Wichtige vom Unwichtigen zu unterscheiden.

Das *Symbole-Lexikon*, gegliedert nach den fünf Elementen des Feng Shui, ist Ihr Fundus und Ihre Werkzeugkiste, um die Vorschläge des Buches in die Tat umzusetzen. Hier finden Sie Ideen für die praktische Gestaltung des Kinderzimmers, aber auch Anregungen für gemeinsame Aktivitäten.

Zum Abschluss möchte ich Sie mit dem Feng Shui-Märchen *Der Drachenbaum* einladen, sich auf eine Reise der ganz anderen Art zu den fünf Elementen zu machen – am besten zusammen mit Ihren Kindern.

Yin und Yang

Leben zwischen Sturm und Stille

Die beiden Pole des Lebens

Ebbe und Flut, Tag und Nacht, nah und fern, einatmen und ausatmen, geben und nehmen, Sturm und Stille … Das Leben spielt sich im Spannungsfeld von Gegensätzen ab, die sich wechselseitig bedingen und einander Kraft geben. Dieses Spiel der Kräfte zwischen den beiden Polen des Seins, *Yin* und *Yang*, ist der fernöstlichen Anschauung nach die Grundlage für alles Lebendige in der Welt. Alle Phänomene, ob geistiger oder materieller Natur, können nach den Eigenschaften dieser beiden Kräfte beschrieben und geordnet werden.

Es ist jedoch wichtig zu verstehen, dass *Yin* und *Yang* sich in einem dynamischen Wechselspiel befinden und sich gegenseitig bedingen: Das eine kann ohne das andere nicht existieren, und wo immer wir *Yin* finden, ist auch *Yang* gegenwärtig, und umgekehrt. Vielleicht stellen Sie sich das Zusammenspiel wie ein Schwungrad vor, das immerzu in Bewegung ist. *Yin* und *Yang* befinden sich deshalb auch nicht im Widerstreit miteinander, denn sobald eines überhand nimmt, erzeugt es wie von selbst sein Gegenteil.

Das bekannte Symbol drückt dies aus, indem es in der hellen Fläche einen dunklen Punkt trägt und in der dunklen Fläche einen hellen: *Yin* trägt bereits den Keim von *Yang* in sich und umgekehrt.

Natürliches Vorbild für diese beiden Urpole des Lebens ist das Wechselspiel von Hell und Dunkel, dass sich in der Gleichzeitigkeit von Licht und Schatten ausdrückt und im Wechsel von Tag und Nacht. Das eine definiert sich über das andere:

ohne Licht kein Schatten und ohne Nacht kein Tag.

Yang umfasst alle Qualitäten, die mit Tag assoziiert werden. Deshalb hat *Yang* mit allen Aktivitäten zu tun, die auf Ausdruck, und mit allen Prozessen, die auf Expansion ausgerichtet sind. *Yang* hilft zu beurteilen, einzuteilen und zu planen. Es unterstützt uns dabei, unserem Leben den richtigen Ausdruck zu geben und den Alltag in der Welt zu meistern.

➔ Folgende Eigenschaften zählen zu *Yang*: hell, warm, klar, aktiv, leicht, locker, hart, sichtbar, nach außen und nach oben gerichtet.

Wir brauchen *Yang*, um in Beziehung zu anderen Menschen treten zu können: Es richtet unsere Wahrnehmung auf unsere Mitwelt. *Yang*-Energie beginnt bei mir und endet beim anderen: Der so entstehende Energiefluss ist nach außen gerichtet und bezieht den anderen mit ein.

Yin wird mit den Qualitäten der Nacht verbunden. *Yin*-Aktivitäten sind deshalb nach innen gerichtet und wirken konzentrierend. Mit Hilfe von *Yin* richten wir unsere Wahrnehmung nach innen, um dort Kraft im Kontakt mit unseren inneren Reserven zu finden. *Yin* lässt uns im Einklang mit unseren Gefühlen und Bedürfnissen leben.

➔ *Yin*-Eigenschaften sind: dunkel, kühl, undeutlich, reaktiv, schwer, dicht, weich, verborgen, nach innen und nach unten gerichtet.

Yin bedeutet für den Einzelnen die Möglichkeit, für sich zu sein, sich mit sich selbst zu beschäftigen und den eigenen Bedürfnissen und Vorlieben nachzugehen. *Yin* für sich zu erleben heißt, Kraft aus dem eigenen Inneren zu schöpfen. Jeder Mensch sollte deshalb *Yin*-Zeit und *Yin*-Raum haben, um sich selbst als unabhängiges Individuum zu spüren.

Sturm und Stille[1]

Im Leben von Kindern können wir die beiden Pole des Seins in ihren extremsten Varianten beobachten. Sie leben *Yang* mit allem Überschwang, sind laut, wollen Krach machen, schreien, singen, lachen, weinen, haben es eilig und wenig Geduld, wollen laufen, rennen, hüp-

1 So lautet auch der Titel eines Buches von Gisela Preuschoff und Andrea Cremer. Siehe Literaturverzeichnis im Anhang.

fen, springen, toben, sind unentwegt damit beschäftigt, ihre Umwelt zu erforschen und neue Abenteuer zu bestehen. Sie sind kleine Wirbelwinde, welche die Welt im Hier und Jetzt spüren und erleben wollen, die ununterbrochen ihre Sinne ausprobieren, ihre Stärken testen und ganz im Lebendigsein aufgehen wollen.

Dann wiederum finden wir sie ganz versunken in ihr Spiel, alle Energie ist nach innen gerichtet, sie sind absorbiert, und nichts auf der Welt scheint sie aus der Ruhe bringen zu können. Es kann ganz still werden um unsere Kinder, sodass manche Eltern schon besorgt sind, wenn sie auf einmal ihr Kind nicht mehr hören, und sich misstrauisch fragen: Was mag der oder die Kleine jetzt schon wieder aushecken? Vielleicht leben sie aber einfach nur ihr *Yin*, wollen in sich hineinlauschen, vielleicht nur mit geschlossenen Augen auf dem Boden liegen und die Welt um sich herum spüren, das eigene Herz schlagen hören oder den Atem. Kinder lieben die Stille genauso, wie sie den Sturm lieben.

Doch unsere Welt bietet Kindern immer weniger Möglichkeiten zur Stille: Ebenso wie wir Erwachsene sind sie ununterbrochen der Reizüberflutung ausgesetzt – Straßenlärm, Fernseher, Radios, Staubsauger, Waschmaschinen, Baulärm. Die Werbung hat längst entdeckt, dass

Kinder sich schnell fangen lassen von bunten, schrillen Bildern, die sich viel zu schnell verändern und kaum Raum für Verarbeitung lassen.
Nicht nur die Schule gibt den Kindern ein genaues Zeitraster vor, sondern auch die Freizeitaktivitäten in Hort und Krippe geben den Kindern feste Tageseinteilungen vor. Kinder sind schon heute mehr als verplant. Keine Ruhepause, kein Durchatmen, keine Zeit, die frei ist von Vorgaben. Wenn dann doch Leerzeiten auftreten – eine Stunde fällt aus, oder das Kind wird krank –, reagieren Kinder auffälligerweise unausgeglichen, werden unruhig und nervös. Sie finden die Stille nicht mehr, weil sie nur den Sturm kennen. Kinder erleben einen Überfluss an *Yang* und finden nicht genügend ausgleichendes *Yin* mehr in ihrem Leben.

Auch die räumliche Situation hat sich für Kinder verändert. Gerade Kinder in Städten und Ballungsräumen haben kaum mehr die Möglichkeit, sich ungehindert nach allen Seiten zu entfalten. Zäune, Tore und Mauern versperren Zugänge und schränken den Aktionsradius ein. Straßen sind zu gefährlich, um zu spielen, und das Angebot an fertigen Spielplätzen ist mehr als unzureichend, denn die Möglichkeiten zum freien Spiel sind sehr begrenzt und im Vergleich zur Vielfalt an Erfahrungen, die eine natürliche Umgebung Kindern bieten könnte, schlicht und ergreifend mangelhaft. Dies hat zur Folge, dass sich der Aufenthaltsort der Kinder von der außerhäuslichen Umwelt zunehmend in die Wohnungen verlagert.

Inseln der Stille schaffen

Ein großer Teil der kindlichen Aktivitäten ist auf das Kinderzimmer beschränkt und verleiht diesem Raum im Rahmen der Kindheit heute eine viel größere Bedeutung als früher. Feng Shui kann uns helfen, diesen ohnehin sehr eingeschränkten Raum für Kinder so zu gestalten, dass er nicht zusätzlich zu den sowieso schon massiven Einflüssen aus der Umwelt zur Belastung wird. Im Sinne des oben Gesagten aber bedeutet dies: *Ein modernes Kinderzimmer muss deutlich mehr Yin haben als Yang, um den Überfluss an Yang auszugleichen.*
Leider ist dies nur selten der Fall: Viele Kinderzimmer wiederholen

lediglich das, was schon in der übrigen Welt an Überfluss vorhanden ist. Viel zu bunt und viel zu grell, viel zu lustig und viel zu laut – einfach viel zu viel.
Wie können wir Inseln der Stille im Sturm des Alltags für unsere Kinder schaffen? Indem wir Bereiche einrichten, die vornehmlich die *Yin-Qualitäten* hervorheben:

- ➔ Schaffen Sie Ordnung, und misten Sie aus – befreien Sie das Kinderzimmer von allem, was zu viel ist.[2] Lassen Sie den Raum wieder atmen!
- ➔ Grenzen Sie einen Bereich ab, in welchem das Kind *Yin*-Energie erfahren kann – das könnten ein «Kuscheleck» sein mit vielen weichen Kissen, ein kleines Sofa mit weichem Bezug, ein Sitzsack, vielleicht ein flauschiger Teppich, der dazu einlädt, sich lang auf dem Boden auszustrecken, usw.
- ➔ Spannen Sie Tücher darüber – lassen Sie ein Zelt entstehen oder eine Höhle, in die sich das Kind verkriechen kann.
- ➔ Wählen Sie eine indirekte Beleuchtung oder eine kleine Lampe, die genügend Licht abgibt, um im Kuscheleck ein Bilderbuch anzuschauen oder eine Geschichte vorgelesen zu bekommen.
- ➔ Beschränken Sie sich auf wenige gedeckte und vor allen Dingen warme Farben, sodass eine geborgene Atmosphäre entsteht, die der eigenen Phantasie und den Tagträumereien mehr Raum lässt.
- ➔ Und vor allen Dingen: Stören Sie Ihr Kind nicht in seinem kuscheligen Reich, wenn es nicht sein muss! Lassen Sie Ihrem Kind diesen Raum, um auf sich selbst zurückzukommen und in sich hineinzulauschen.

Dem Sturm freien Lauf lassen

Weitere Maßnahmen, welche die Pole *Yin* und *Yang* im Leben eines Kindes ins Gleichgewicht bringen können, beziehen sich auf die Umgestaltung der *Yang*-Erfahrungen. Grundsätzlich benötigt ein Kind für diese Erfahrungen so viel Bewegungsspielraum wie nur möglich – deshalb empfiehlt es sich, die *Yang*-Energie außerhalb der vier Wände

2 Wie Sie dabei am geschicktesten vorgehen können, erfahren Sie im Abschnitt «Die Sache mit dem Aufräumen».

zu tanken. Das Kinderzimmer wird dadurch zu einem echten Ort des Rückzugs und der Besinnung im lärmenden Alltag. Dazu folgende Leitgedanken:

- ➔ Auch in noch so kleinen Wohnungen können solche *Yang*-Bereiche entstehen – durch Schaukeln im Türrahmen, Rutschen und Leitern, durch Kriechtunnel aus Stoff oder sogar durch ein kleines Trampolin.
- ➔ Grenzen Sie im Kinderzimmer den *Yang*-Bereich, in dem gespielt und getobt wird, vom *Yin*-Bereich möglichst klar ab. Verwenden Sie hier helle, klare Farben, aber werden Sie nicht zu bunt, und sorgen Sie für ausreichende Beleuchtung. Am besten ist dieser Bereich in der Nähe des Fensters aufgehoben, um möglichst viel Tageslicht abzukriegen.
- ➔ Steigern Sie das Bewegungsangebot für Ihre Kinder, indem Sie sooft wie möglich nach draußen gehen – auf den Spielplatz, oder besser noch: in die freie Natur. Lassen Sie es sich frei zwischen Bäumen, Bächen und Hügeln bewegen und die Welt mit allen Sinnen erfahren.
- ➔ Versuchen Sie sich auf Spaziergängen auf das Tempo Ihrer Kinder einzustellen. Kinder sind nicht so zielstrebig wie Erwachsene, sondern lassen sich gerne von dem, was es am Wegesrand zu entdecken gibt, aufhalten. Wenn Sie sich auf den Rhythmus Ihres Kindes einlassen, werden Sie feststellen, dass Sie selbst ruhiger werden und sich erholen.
- ➔ Spielen Sie, sooft es geht, mit Ihren Kindern im Freien, und schließen Sie sich mit anderen Eltern zusammen, um Gruppenspiele zu organisieren.
- ➔ Schließen Sie den Fernseher in einen Schrank ein, und reduzieren Sie selbst Ihren eigenen Medienkonsum. Werden Sie nicht zum Vorbild dafür, wie man die Sinneskanäle durch Reizüberflutung allmählich verstopft und abstumpft.

Qi und Sha

Mehr Raum für Kinder

Das Geheimnis guter Räume

Jeder hat es schon einmal erlebt: Es gibt Räume, in denen beginnen wir uns schnell unwohl zu fühlen, weil sie eine unfreundliche und leblose Atmosphäre haben – dabei sind sie wie aus dem Einrichtungskatalog ausgeschnitten und wollen unser Auge durch bestechende Details und schickes Design überzeugen! Andererseits kennen wir auch Räume, in denen sich niemand sonderlich um ausgefeilte Ästhetik und trendige Accessoires zu kümmern scheint – und doch fühlen wir uns spontan willkommen und möchten gerne verweilen, weil sie eine warme und herzliche Ausstrahlung haben.

Das Geheimnis solcher Räume ist nicht der schöne Schein, sondern der rechte Fluss der Energie, in der Tradition des Feng Shui *Qi* genannt. Um diese universelle Lebensenergie dreht sich alles, und wenn wir von «gutem Feng Shui» in einem Raum sprechen, dann ist damit gemeint, dass das Qi in ihm ungehindert und seiner Natur nach fließen und sich entfalten kann.

Qi – Leben ist Energie in Bewegung

Wie fließt Qi? Beobachten Sie für einige Momente Ihre Atmung. Spüren Sie dem Weg des Atems nach, wie er in Ihnen zirkuliert in einem ununterbrochenen Wechsel aus Einatmen und Ausatmen, von Leere und Fülle in Ihrem Körper. Stellen Sie sich diese Zirkulation tatsächlich als eine Kreisbewegung durch den Körper vor, wenn die Luft im oberen Teil des Körpers eingesogen wird und nach unten sinkt, um dann wieder aufwärts zu steigen und den Körper zu verlassen – dies ist ein perfektes Bild von Qi: auf und ab, hin und her …

Jede Kreisbewegung kann auch in Form einer Welle dargestellt werden, als eine periodische Pendelbewegung, eine Schwingung nach oben und unten oder links und rechts. Genau auf diese Weise soll

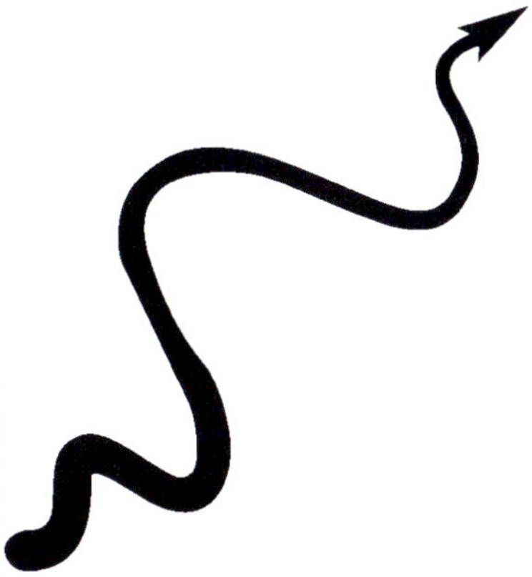

sich Qi durch die Räume Ihres Zuhauses bewegen können: sich ungehindert vorwärts bewegend in einem rhythmischen Schwingen.

→ Qi ist Bewegung, die sich durch periodische Schwingung kennzeichnet, durch das Hin und Her, das Auf und Ab im Bewegungsfluß – wie eine Schlange, die sich vorwärts bewegt.

Bleiben wir beim Bild der Atmung: Der Atem versorgt beim Einatmen den menschlichen Körper mit Sauerstoff, der zur Energiefreisetzung benötigt wird. Beim Ausatmen transportiert er giftiges Kohlendioxid nach draußen. Alle diese Funktionen sind auch in *Qi* enthalten: Es bringt lebensspendende Energie in Ihr Haus und reinigt es, indem es schädliche Energien bindet und fortschwemmt.

Sha – lebensfeindliche Energie

Und was passiert, wenn Qi in seiner natürlichen Funktion gestört wird? Dann entsteht das, was wir im Feng Shui als *Sha* bezeichnen. Wenn *Qi* die Möglichkeit genommen wird, sich frei zu entfalten, dann entsteht *Sha*, welches den Lebensraum eines Menschen beeinträchtigt und die Bewohner schädigt. *Sha* wird deshalb oft als der natürliche Gegenspieler von *Qi* bezeichnet.
Denken Sie an die Schlangenlinie: Wenn Sie Qi das rhythmische Hin- und-Her-Schwingen nehmen, wird aus der Schlangenlinie eine Gerade. Das Schwingen führte die Energie

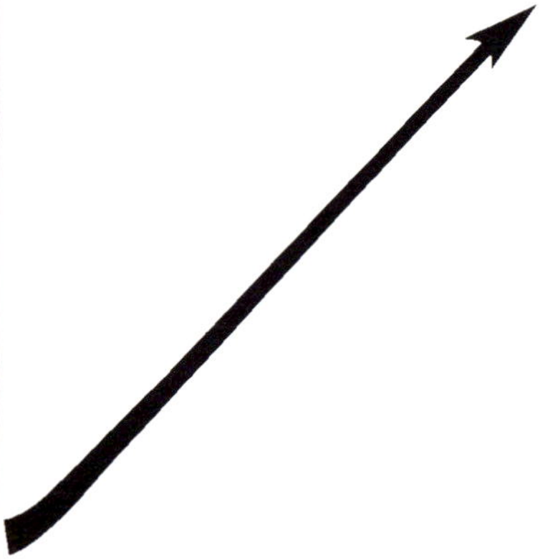

sanft von einer Seite zur anderen – jetzt wird sie wie ein Pfeil beschleunigt, der, einmal abgeschossen, sich unerbittlich auf sein Ziel zu bewegt und mit all seiner Kraft einschlägt.
Ein Raum, in dem Sha herrscht, weist ein unangenehmes und sogar bedrohliches Raumklima auf.
Eine andere Form von Sha entsteht, wenn Qi überhaupt blockiert wird, wenn verhindert wird, dass es sich vorwärts bewegen kann. Qi kommt nicht von der Stelle, und es stagniert, was das Ende der Lebensenergie bedeuten muss: Es gibt keine Zufuhr erneuernder Energie mehr – und das können wir mit dem Erstickungstod eines Raumes vergleichen, so, wie wir ersticken müssten, wenn man uns daran hinderte, die verbrauchte Luft auszuatmen.
Sha kennt also zwei Qualitäten, die wir unterscheiden müssen:

- Qi verwandelt sich in Sha, wenn es in eine Richtung gelenkt und an der Schwingung gehindert wird.
- Qi verwandelt sich in Sha, wenn es daran gehindert wird zu fließen und an einem Ort stagnieren muss.

Der Lebensfluss in den eigenen vier Wänden

Schärfen Sie Ihren Blick für Qi und Sha! Wenn Sie die Konzepte dieser beiden grundlegenden Ausdrucksformen von Energie verstanden haben, besitzen Sie den wichtigsten Schlüssel zur erfolgreichen Anwendung von Feng Shui. Es ist weitaus weniger wichtig, in welche Himmelsrichtung Sie liegen, stehen oder sitzen oder welche Farbe das Sofakissen hat, als in den eigenen vier Wänden in der Lage zu sein, lebensförderliche und lebensfeindliche Bedingungen wahrzunehmen und entsprechend auf sie reagieren zu können!

Ein Haus verfügt über Qi, wenn die Wege der Menschen darin nicht fluchtartig und geradlinig verlaufen, sondern die Aufmerksamkeit in sanften Schwingungen durch die Räumlichkeiten geführt wird. Die Räume erschließen sich so Schritt für Schritt, werden zu Zonen, in denen die Lebensenergie je nach besonderer Gestaltung und Sinn Zeit zur Entfaltung findet, bevor sie das Haus wieder verlässt. Häuser mit Qi scheinen zu atmen und zu pulsieren, laden zum Verweilen ein und machen Lust, sie zu entdecken.

Sehen Sie sich einfach mal um! Die beste Vorarbeit, die Sie leisten können, um mehr Lebensenergie in Ihr Zuhause zu locken, ist, sich einmal unvoreingenommen durch Ihr Haus oder Ihre Wohnung zu bewegen und nachzuspüren, welche Wege Sie dabei hinterlassen. Sie können dies auch auf einem Grundriss eintragen, sodass Sie sehen können, wo diese Wege eher Qi verkörpern und wo Sha. Markieren Sie problematische Zonen auf Ihrem Plan. Wichtig ist, dass Sie mit Ihrem Lebensraum Kontakt aufnehmen, um herauszufinden, wo die Bedürfnisse liegen. Nehmen Sie sich dazu Zeit, verteilen Sie dieses Vorhaben lieber auf mehrere Tage, als es in einer halben Stunde hinter sich zu bringen, wenn Sie nicht viel ungestörte Zeit für sich haben.

Hier ein paar Beispiele:

→ Geschwungene Möbelanordnungen, gerundete Möbel, Pflanzen, abwechslungsreich arrangierte Dekorationen, zurückgezogen wirkende Nischen und Winkel wechseln sich mit ausreichend zur Bewegung einladenden Flächen ab.

Sha entsteht eher in Räumen, die folgende Merkmale aufweisen:

- Balken, Kabel und Rohre durchziehen den Raum, scharfkantige, spitze Möbelstücke, in einer Linie aufgereihte Möbel, lange Treppen, Türen folgen in einer Reihe hintereinander, Zugluft, Kellerräume, Abstellkammern, dunkle Winkel und Ecken, stehende Luft in einem Zimmer, Unordnung.

Das eindrucksvollste Vorbild von Qi und Sha finden wir in der Betrachtung von fließendem Gewässer, wie es in der Natur vorkommt.
Vergegenwärtigen Sie sich den Lauf eines ruhig durch Wiesen und Felder sich schlängelnden Baches: Er fügt sich leicht in die Umgebung ein, passt sich den natürlichen Formen der Landschaft an, zerstört sie nicht, sondern steuert sich an ihnen aus. Sein Wasser fließt beständig und gemächlich, ist rein und frisch. Da er sich in sanft geschwungenen Kurven durch das Land bewegt, kann sich an den Innenseiten der Biegungen urbare Erde ansammeln, die Grundlage für grüne Wiesen und fruchtbare Äcker. Dieses Bild verkörpert Qi in seiner optimalen Gestalt.
Nun stellen Sie sich einen Sturzbach vor, der auf seinem Weg ins Tal Stein und Erde mit sich reißt. Er kann kein Land links und rechts seines Laufes zusammentragen – im Gegenteil: Das, was noch an fruchtbarer Erde vorhanden sein mag, wird gnadenlos mit in die Tiefe gerissen. Damit ist der Sturzbach ein Bild für *Pfeil-Sha*.
Das nächste Bild ist ein morastiger und brackiger Tümpel. Im sumpfigen Schlamm dieses stehenden Gewässers fehlen Zu- und Abfluss von Frischwasser. Es gibt keine Zirkulation, keinen Austausch, keine Reinigung und damit keine Veränderung des vorhandenen Zustandes: ideale Ausgangsbedingungen für die Ansammlung von Schadstoffen und die Brut von Krankheitserregern und allerlei Ungeziefer. Mit diesem Bild ist das *stagnierende Sha* gemeint.
Stellen Sie sich nun vor, Ihre Wohnung sei eine Landschaft, durch die sich die Lebensenergie wie das Wasser eines Flusses bewegt. Nun gehen Sie aufmerksam durch die Wohnung und schärfen alle Sinne für folgende Fragen:

- Wo bewegt sich die Energie in sanften Schwingungen durch die Räume? Wo fließt sie ungehindert von der Türe zum Fenster und in die angrenzenden Räume?
- Bilden sich Buchten und Biegungen, die zum Verweilen einladen?
- Wo gibt es Stellen, an denen der Bewegungsfluss beschleunigt

wird? Wo entstehen regelrechte Sturzbäche?
- Wo staut sich die Energie und es entstehen Tümpel?

Seinen wichtigsten Ausdruck findet Qi in den Bewohnern des Lebensraumes – das Haus beeinflusst das Qi des Menschen, so wie der Mensch das des Hauses prägt. Das heißt, dass Sie gutes Feng Shui vor allen Dingen daran erkennen können, ob sich die Menschen darin fließend und ungehindert durch das Haus bewegen können.

Machen Sie aus dieser Übung ein Spiel mit Ihren Kindern! Setzen Sie sich zusammen in ein «Boot» oder ein «Schiff», und lassen Sie sich gemeinsam auf dem Fluss «Qi» durch Ihre Wohnung oder Ihr Haus treiben. Wo wird es gefährliche Stromschnellen geben? Wo sind Wind und Strömung günstig? Wo finden Sie einladende Uferzonen, und wo gibt es gefährliche Riffe, Wasserfälle und Eisberge? Wo ist das Wasser klar und rein und lädt zum Baden ein? In welchen Buchten werden Sie Ihren Anker werfen? Was werden Sie dort erleben?

Das Haus atmen lassen

Das Haus oder die Wohnung kann mit einem menschlichen Körper verglichen werden und muss wie dieser versorgt werden mit lebendiger Energie, mit der Atemluft des Qi. Dazu gibt es ein paar Grundregeln, die selbstverständlich auch auf das Kinderzimmer angewendet werden sollen.

→ Regel 1: Qi verlässt einen Raum nicht an der Stelle, an der es ihn betreten hat, so wie ein Fluss auch nicht zurückfließen kann.

Dies drückt sich zum Beispiel darin aus, dass Qi durch Türen an der Vorderfront eintritt und sich seinen Weg durch das Haus bahnt, um in der Hauptsache an der Rückseite wieder auszutreten, zum Beispiel über eine Hintertür oder einfach durchs Fenster.

→ Regel 2: Qi darf nicht in seinem Fluss, der sich in aller Regel von der Tür zum Fenster in einer geschwungenen Kurve bewegen wird, behindert werden. Platzieren Sie sich selbst niemals im Qi-Fluss, zum Beispiel das Bett, den Arbeitsplatz, die Sitzgelegenheiten etc.

Die Platzierung von Möbeln und anderen Gegenständen darf Qi nicht blockieren, sondern sollte es höchstens sanft lenken, damit es auch unterversorgte Orte eines Raumes erreichen kann. Wie bei einem Bach befindet sich die günstigste Zone am «Ufer» des Qi-Flusses, niemals aber im Qi-Fluss selbst: Daher sollten Möbel, die aktiv von Menschen genutzt werden, nicht im Qi-Fluss zwischen Türe und Fenster stehen. Dies kann sich als schwierig erweisen, wenn durch eine großflächige Befensterung der Qi-Fluss eine zu breite Ausgangsstelle vorfindet und dadurch keine geschützten «Uferzonen» zulässt. Hier hilft nur Eindämmung und Lenkung des Qi-Flusses mit Hilfe von Barrieren, wie Pflanzen, Paravents oder Vorhängen, die Schutzräume schaffen und den Qi-Fluss lenken.

→ Regel 3: Jeder Raum besitzt einen psychologischen Schwerpunkt. Dieser liegt diametral der Eingangstüre gegenüber. Diesen Punkt nennen wir «Ort der Kraft» eines Raumes.

Es ist der Ort im Raum, der sich am weitesten entfernt von der Türe befindet und zugleich den besten

Überblick über das Areal bietet. Von hier aus haben wir den Raum förmlich «unter Kontrolle» und fühlen uns sicher, geschützt und in unserer Kraft. An diesem Punkt sollte sich deshalb idealerweise dasjenige Möbelstück befinden, welches dem Raum seine Definition verleiht, also im Schlafzimmer das Bett, im Arbeitszimmer der Schreibtisch etc. Im Kinderzimmer, das ja mehrere Funktionen erfüllen muss, sollte dies in jedem Fall das Bett sein. Daraus ergeben sich folgende Empfehlungen:

- ➔ Platzieren Sie insbesondere das Bett nicht unter einem Fenster, da es sich so in jedem Fall im Qi-Fluss befindet.
- ➔ Ein guter Platz hat schützende Wände in seinem Rücken. Wenn dies aufgrund der räumlichen Gegebenheiten nicht möglich ist, stellen Sie Paravents, Regale oder Grünpflanzen so auf, dass sie zum offenen Raum hin abschirmen.
- ➔ Es ist gut, wenn man die Türe immer im Blick haben kann. Insbesondere das Bett sollte weit genug entfernt von der Türe sein und dennoch einen guten Blick auf den Eingang zum Zimmer gewähren.

Es ist nicht immer möglich, *alle* Empfehlungen gleichermaßen umzusetzen. Das liegt daran, dass jedes Zimmer anders ist und es deshalb keine pauschalen Lösungen geben kann. Nutzen Sie diese Hinweise als Richtlinien, um im Rahmen der Ihnen gegebenen Möglichkeiten den optimalen Platz zu finden. Entscheidend ist, dass Sie eine Lösung finden, mit der Sie sich zufrieden fühlen. Am besten probieren Sie die Plätze aus und lassen sich für einige Minuten auf die dort vorherrschende Energiequalität ein. Schließen Sie die Augen, und vertrauen Sie Ihrem Gefühl!

Qi fördern – Sha umwandeln

Unsere Lebensräume sind in der Regel vielfältigen schädigenden Einflüssen ausgesetzt – sei es von innen oder von außen. Die beste Methode, um die Qualität des eigenen Lebensraumes zu erhöhen, ist, das Fließen des Qi zu ermöglichen. Die wichtigsten Grundregeln haben Sie im

vorangegangenen Abschnitt bereits kennen gelernt. Durch weiteres kontinuierliches Bestärken der positiven Eigenschaften in Ihren vier Wänden können Sie den Einfluss von potenziellem Sha am ehesten abschwächen.
Vergleichen Sie dies mit dem Immunsystem des menschlichen Organismus: Wenn Sie es stärken, werden Sie auch Attacken von Krankheitserregern gut überstehen – ohne dass Sie vielleicht merken, einem Angriff ausgesetzt gewesen zu sein. Wenn Sie jedoch bereits krank sind, weil Ihr Immunsystem Sie nicht verteidigen konnte, kostet es Ihren Körper eine ungeheure Anstrengung, nun auf Angriff zu setzen. Zwar werden die Funktionen Ihres Körpers insgesamt aufrechterhalten, aber Sie fühlen sich ziemlich schlecht, haben Fieber.
Denken Sie bei Situationen von Sha zunächst einmal darüber nach, wie Sie diese in Qi umwandeln können. Nur wenn dies aufgrund der gegebenen Umstände nicht möglich ist, sollte man dazu übergehen, Maßnahmen zu ergreifen, die Sha abwehren.
Es gilt also:

→ Erst Qi vermehren, dann Sha abwehren.

Auch Sha ist Energie – dies sollte man sich immer wieder ins Bewusstsein rufen. Es ist Energie, der die Schwingung genommen oder die in ihrem Bewegungsfluss blockiert wurde. Die nachfolgenden Heilmittel nutzen dieses Wissen und zerstreuen Sha oder verwandeln es sogar in positives Qi zurück. Dies ist insbesondere dann wichtig, wenn Sie sich Sha ausgesetzt fühlen, dies aber nicht unmittelbar verändern können, weil es sich zum Beispiel um fest stehende architektonische Strukturen handelt oder Einflüsse von außen, zum Beispiel einen Baum, der zu nahe am Fenster steht, oder ein Gebäude mit spitzen Strukturen, die auf das Fenster zeigen.
Bei der Auswahl der Heilmittel können Sie auch das Symbole-Lexikon im Anhang zurate ziehen – hier finden Sie vielfältige Anregungen bei der Auswahl der Motive für ein Bild oder für Form, Farbe und Material.

PRISMEN. Immer häufiger finden geschliffene Glasprismen im Feng Shui Anwendung, obwohl sie nicht zu den klassischen Heilmitteln gehören. Sie sind jedoch hervorragend geeignet, Sha umzuwandeln, weil sie Lichtstrahlen, welche auf sie treffen, in die Farben des Regenbogens aufbrechen. Kinder werden dieses Lichtspiel lieben!
Da sie Licht benötigen, um aktiviert zu werden, sollten sie einen Platz

am Fenster erhalten und können dort ausgezeichnet von außen nach innen gerichtetes Sha verwandeln. Diese Prismen sind in verschiedenen Formen erhältlich, bevorzugen Sie jedoch kugelförmig oder in Tropfenform geschliffene Kristalle. Die Größe spielt dabei überhaupt keine Rolle.

→ Verwenden Sie Prismen bei architektonischen Gegebenheiten, die von außen auf das Kinderzimmer einwirken, zum Beispiel Laternenmasten vor dem Fenster, zu nahe stehende Bäume, pfeilartige Strukturen an gegenüberliegenden Gebäuden, Straßen, die auf das Zimmer hinführen, Schnellstraßen, Baustellen, Kirchtürme etc.

SPIEGELKUGELN. Einen ähnlichen Effekt erzeugen Kugeln, die mit winzigen Spiegelstücken ringsum besetzt sind («Disko-Kugeln»), die es ebenfalls in allen Größenordnungen gibt. Auch sie zerstreuen das Licht in alle Richtungen und lassen winzige Lichtpunkte an den Wänden wie Sterne tanzen. Diese Spiegelkugeln lassen sich besonders gut mit künstlichem Licht kombinieren und sind daher geeignet, Sha im Innenraum zu zerstreuen.

→ Spiegelkugeln sind ideal im Einsatz an hervorspringenden Ecken im Kinderzimmer, an Balken und an Dachschrägen. Auch in Zimmerecken, in denen der Energiefluss blockiert ist (sichtbarstes Kennzeichen: permanente Unordnung), ist eine Spiegelkugel gut aufgehoben.

FENSTERBILDER. Dekorative Bilder aus Glas oder auch aus anderem transparenten Material im Fenster beziehen das Tageslicht ein und erzeugen eine individuelle Atmosphäre. Auch sie brechen das Licht in Farben auf und betonen sogar über die Wahl der Formen und Motive bestimmte Themen besonders und sorgen so zusätzlich für symbolischen Schutz. So mag das Bild eines Löwen oder Ähnliches den Aspekt der Stärke gegen von außen auf den Lebensraum des Kindes gerichtetes Sha betonen.
Je individueller die Gestaltung eines solchen Fensterschmuckes ausfällt, umso besser, deshalb wäre es am besten, wenn Sie die Fensterbilder zusammen mit Ihren Kindern selbst herstellten.

→ Besonders gut geeignet, wenn der Anblick aus dem Kinderzimmerfenster nicht besonders schön ist, sind zum Beispiel ein Parkplatz, ein Kraftwerk, ein Zaun, eine Mauer, eine verspiegelte Fassade etc.

PFLANZEN. Auch Pflanzen, und hier insbesondere kleinblättrige Grünpflanzen, sind ein geeignetes Mittel, um angreifendes Sha zu zerstreuen. Als Vorbild dient hier das bewegte Spiel von Licht und Schatten, wenn sich die Strahlen der Sonne in den Zweigen der Bäume fangen.

Auf Fensterbänken platziert bieten sie – je nach Größe – in vielen Fällen auch einen hervorragenden Sichtschutz gegen Sha von außen – eine natürliche Blockade, welche die schädliche Energie gewissermaßen filtert und in Qi verwandelt.

Achten Sie jedoch darauf, dass Pflanzen im Kinderzimmer nicht zu nahe am Bett stehen, und vor allen Dingen, dass sie nicht giftig sind! Lassen Sie sich also vor dem Kauf einer Pflanze gründlich beraten. In Zimmern von Kleinkindern ist von Pflanzen grundsätzlich eher abzuraten. In Zimmern von größeren Kindern können selbst gezüchtete Pflanzen sogar von pädagogischem Wert sein!

→ Pflanzen können Sie am besten ebenfalls gegen von außen auf das Kinderzimmer gerichtete Einflüsse anwenden. Insbesondere Ansichten, die leblos wirken, können so gemildert werden, zum Beispiel Mülltonnen, Parkplätze, Bürogebäude, Industrieanlagen etc. Auch im Innenraum können Pflanzen eingesetzt werden, zum Beispiel, um das Sha einer vorspringenden Ecke zu zerstreuen.

MOBILE. Das Mobile ist wohl das bekannteste von Luft-Qi aktivierte Heilmittel und über die ganze Welt verbreitet. In unseren Breiten hieß es «Unruh» und hatte seinen festen Platz in den Stuben der Bauern, die magische Kräfte damit verbanden: So sagte man, dass die Unruh stets in Bewegung sein müsse, und wenn sie still stand, hieß es, «die Hex'» sei im Haus.

Auch wenn ein böser oder neidischer Mensch das Haus betrete, würde die Unruh auf der Stelle stehen bleiben.

Aus der Sicht des Feng Shui ist die Unruh ein Indikator für den Qi-Fluss ist. Vom Prinzip her verwirbelt ein Mobile eintreffendes Sha und zerstreut es. Es kann daher ähnlich wie ein Prisma eingesetzt werden.

Wird es in einem Winkel des Zimmers angebracht, dient es auch der allgemeinen Belebung des Qi. Mobiles gibt es unterschiedlichen Farben und Formen, darunter auch sehr moderne und filigrane, die zu jeder Einrichtung passen. Durch die Auswahl entsprechender Modelle lässt sich auch symbolisch die Qualität des Qi verbessern: So könnten zum Beispiel Fische auf

Glück verweisen, Vögel auf die «Flügel der Phantasie» etc. Lassen Sie sich hier am besten von Ihrem Kind «beraten»!
Entgegen der landläufigen Meinung sind Mobiles jedoch eher etwas für Kleinkinder und nicht unbedingt für Säuglinge geeignet. Auch sollten sie nicht über dem Bett aufgehängt werden, da der dadurch angeregte Qi-Fluss die Nachtruhe eher stört.

→ Verwenden Sie Mobiles, um sich stauende Energie aufzulösen. Ideal ist es, sie unter den Dachschrägen einer Mansarde anzubringen oder in «toten» Winkeln des Kinderzimmers. Auch über dem Schreibtisch (aber nicht direkt über dem Kopf!) «beflügeln» Mobiles die Gedanken und sorgen für mehr angeregte Aufmerksamkeit.

WINDRAD. Während Mobiles aufgrund ihrer feinen Bewegungen eigentlich nur für den Innenbereich in Frage kommen, lassen sich mit Hilfe von Windrädern auch außerhalb des Hauses positive Wirkungen erzielen. So können sie auf Balkonen, im Blumenbeet oder in Blumenkästen angebracht und auf die Quellen von Sha gerichtet werden. Ihr Prinzip ähnelt dem des Mobiles: Sie verwirbeln ankommende Luft und haben so die Fähigkeit, ankommendes Sha in kreisförmige Schwingung zu versetzen, also in Qi zu verwandeln.
Auch Windräder gibt es in vielen ausgefallenen Formen und Farben zu kaufen. Natürlich sind sie selbst gemacht eine besondere Bereicherung des Lebensraumes.

→ Windräder sind in allen Situationen ideal, in denen leblos wirkende Strukturen von außen auf das Kinderzimmer einwirken. Dazu gehören: Parkplätze, Baugruben, Müllcontainer, ein trister Hinterhof. Gerade bei Kinderzimmern auf der Nordseite eines Gebäudes schaffen sie Belebung.

KLANGSPIEL. Das Klangspiel ist meist ein aus mehreren, an einem runden Holz aufgehängten metallischen Klangröhren bestehendes Instrument. Klänge sind ein uraltes Mittel zur Vertreibung von bösen Geistern – insbesondere der Glockenton soll alles Übel abweisen, ja die Glocke selbst soll in der Lage sein, Blitze zu «brechen». Klangspiele vermitteln diese Wirkung und sind besonders gut geeignet, pfeilartiges Sha zu zerstreuen, wie es sich in Windstößen manifestiert. Sie können sowohl drinnen wie draußen eingesetzt werden.
Verwenden Sie am besten nur Instrumente mit metallenen und vor allen Dingen hohlen Stäben. Klangspiele aus Holz oder Bambus

sind zwar nicht sinnlos, erzeugen jedoch nicht den Wohlklang, den wir mit Qi verbinden.
Klangspiele werden entweder von bewegter Luft oder menschlicher Bewegung in Gang gesetzt. Und eins von beiden sollte auch vorhanden sein, denn der Sinn eines Klangspiels ist es zu klingen – dies vermag es aber nur, wenn es bewegt werden kann.
Die Platzierung von Klangspielen im Kinderzimmer ist allerdings nicht ganz unproblematisch und muss sorgfältig geschehen. Infrage kommt eine Platzierung am Fenster, sodass es bei geöffnetem Fenster erklingen kann. Auch in der Nähe der Türe kann ein Klangspiel hängen, sodass es durch die Eintretenden in Bewegung gesetzt wird – dabei sollte es jedoch nicht den Schlaf des Kindes stören können, wenn Sie zum Beispiel nachts die Türe öffnen, um nach dem Rechten zu sehen. Auf keinen Fall sollte es aber über dem Bett aufgehängt werden!

➔ Klangspiele kommen infrage, wenn das Kinderzimmer in der Flucht eines Ganges liegt oder wenn sich gegenüber der Kinderzimmertüre eine Toilette befindet, ein Abstellraum oder gar eine Kellertüre. Auch wenn der Eindruck entsteht, dass zu wenig Qi in das Zimmer gelangen kann, können Sie ein Klangspiel aufhängen. Am Fenster eignen sich Klangspiele gegen alle von außen in das Kinderzimmer einwirkenden Einflüsse.

DÜFTE. Luft transportiert jedoch nicht nur Klänge und Töne, sondern auch Düfte – und diese können ebenfalls eingesetzt werden, um Sha zu zerstreuen, wenn Sie bedenken, dass auch stechender und beißender Geruch ein Anzeichen für schädigende Energien sein können. Düfte binden Sha und verwandeln es in etwas Positives und Angenehmes.
Während im Garten und auf Balkonen blühende Pflanzen diesen Dienst leisten, können Sie im Innenraum auch auf Essenzen wie Öle, die Sie in einer Duftlampe verdampfen, zurückgreifen – natürlich nur naturreine Produkte! Hier erzielen Sie zusätzlich je nach verwendetem Aroma bestimmte Wirkungen, von stimulierend bis beruhigend. Auch die inzwischen sehr beliebten Potpourris, bei denen getrocknete Blüten und Blätter in Körben oder Schalen als Duftträger dienen, sind hervorragende Mittel, da sie zugleich einen besonderen ästhetischen Reiz besitzen. Im Kinderzimmer haben sich jedoch ganz besonders so genannte Duftsteine bewährt, dic mit dcm ätheri schen Öl beträufelt werden und zusätzlich auch nach Form und Farbe ausgesucht werden können.

→ Setzen Sie Düfte im Kinderzimmer nur zeitweise ein, insbesondere dann, wenn Sie eine bestimmte Stimmung im Zimmer benötigen oder um die Konzentration Ihres Kindes zu fördern. Auch zur Luftreinigung nach einer Aufräumaktion sind Düfte ideal. Ideen für Düfte finden Sie im Symbole-Lexikon im Anhang.

BILDER. Bilder, egal, ob gerahmt oder als Poster, laden den Menschen zum Betrachten ein und ziehen ihn zu sich hin. Diesen Effekt können Sie vor allem dadurch verstärken, dass Sie die Bilder gesondert beleuchten: So werden sie zu richtigen «Magneten» für die Wahrnehmung.
Wählen Sie für in diesem Sinne bewusst eingesetzte Bilder ausschließlich Motive, die als angenehm empfunden werden. Am besten suchen Sie natürlich zusammen mit Ihrem Kind nach einem Motiv mit positiver Ausstrahlung. Vermeiden Sie zu schrille Farben, zu harte Kontraste und zu abstrakte Formen. Auch einc mit Bildern überladene Wand kann einen eher irritierenden und dadurch abwehrenden Charakter haben. Manchmal genügt schon eine klare, farbig abgegrenzte Fläche an der Wand,

um die Stimmung in einem Zimmer aufzuwerten.
Andererseits wählen sich Kinder in manchen Entwicklungsphasen Farben und Motive aus, die uns beunruhigend oder übertrieben erscheinen mögen. Hier sollten Sie auf keinen Fall maßregelnd einschreiten, sondern dies für eine Weile zulassen, denn es ist Ausdruck von Umstrukturierungen in der inneren Ordnung des jungen Menschen. Nur wenn sich daraus ein Dauerzustand entwickelt, sollten Sie in Gesprächen nach den Gründen für die anhaltende Bevorzugung von zum Beispiel besonders düsteren oder depressiven Farben und Motiven forschen.
Bilder über dem Bett sollten eher ruhige, horizontale Motive aufweisen oder sogar ganz weggelassen werden, über dem Spielbereich können sie lebhafter und bunter sein. Bilder über dem Schreibtisch sollten eine klare und konzentrierte Ausstrahlung haben und nicht zu viele Details aufweisen. Fotos von der Familie, die das Kind von seinem Lieblingsplatz aus sehen kann – zum Beispiel dem Kuscheleck –, stärken das Gefühl der Zugehörigkeit.

→ Verwenden Sie Bilder, um das Qi im Kinderzimmer ganz allgemein anzuheben. Als Blickfang, der dem Raum eine ganz bestimmte Note gibt, sollten Bilder so platziert werden, dass sie schon beim Eintreten ins Auge fallen.

Kinderzimmer

Was auch immer Sie vorhaben zu tun, wie auch immer Sie auf die Gestaltung des Lebensraumes Ihrer Kinder Einfluss nehmen möchten – beziehen Sie die Kinder aktiv ein! Nicht selten entsprechen unsere erwachsenen Vorstellungen von einem Kinderzimmer nicht einmal ansatzweise dem, was Kinder für sich als schön und richtig empfinden.

Kinder besitzen eine unglaublich gute Intuition für Räume, können diese jedoch noch nicht abstrakt erfassen, sondern erleben sie eher auf der Ebene der unmittelbaren Erfahrung. Das heißt, dass ein Kind durchaus schon mal Vorschläge einbringen wird, die aus der Sicht des Feng Shui gar nicht zu empfehlen sind, weil sie erst die Erfahrung damit verbinden müssen, bevor sie

verstehen, was diese oder jene Zimmergestaltung mit ihnen macht. Kinder erfassen ihre Umwelt weniger über den Intellekt, sondern über ihr Körperwissen: Sie spüren, ob ihnen eine Sache gut tut oder nicht. Und da die Kindheit eine Phase des ununterbrochenen Lernens ist, ist es auch wichtig, dass sie dieses Körperwissen trainieren und konkrete Erfahrungen sammeln können.
Das bedeutet aber auch, dass wir bis zu einem gewissen Grad Kinder nicht kategorisch davor schützen müssen, sich auch mal einem weniger günstigen Einfluss des Raumes auszusetzen. Wenn wir zum Beispiel feststellen, dass ein Kind ausprobieren möchte, wie es ist, mit dem Kopf in Richtung Türe zu schlafen, dann sollten wir dies für eine Weile zulassen und nicht gleich intervenieren oder dies gar verbieten. Es ist besser, jetzt das Kind gut zu beobachten und gemeinsam mit dem Kind das Bewusstsein zu schulen, was den Unterschied ausmacht. Tatsächlich entscheiden sich die meisten Kinder ganz von alleine und spontan für die im Sinne des Feng Shui richtige Lösung – wenn man sie nur ihre Erfahrung machen lässt.
In Stadien der Kindheit, in denen wichtige Entwicklungsschübe geschehen, zum Beispiel in der Pubertät, kann es vorkommen, dass

Kinder sehr seltsame und oft in unseren Augen extreme Wünsche an die Gestaltung des Zimmers äußern, zum Beispiel eine Wand schwarz zu lackieren oder Bilder mit destruktiven Inhalten aufzuhängen. In solchen Phasen sollten Sie sich daran erinnern, dass diese sonderbaren Wünsche durchaus auch Bestandteil der Persönlichkeitsentwicklung eines Menschen sind und dass dies ganz im Sinne des Feng Shui zu sehen ist, wenn wir sagen, dass das Äußere auch das Innere eines Menschen widerspiegelt. Es ist nicht sinnvoll, solche Tendenzen zu unterbinden. Besser ist es, ihnen für eine gewisse Zeit und bis zu einem gewissen Grad (hier ist die Machbarkeit ein gutes Kriterium) nachzugeben und dabei wachsam auf die Entwicklung des Kindes zu sein. Vielleicht entspannt diese drastische Veränderung des Lebensraumes etwas im Kind und gibt den Weg frei für weitere Stufen der Entwicklung. In der Regel haben sich solche extremen Bedürfnisse dann auch erledigt. Sorgen sollten Sie sich erst dann machen, wenn diese Phase nicht aufzuhören scheint und sich die Persönlichkeit des Kindes auf eine Weise verändert, die nicht dem gewöhnlichen Maß entspricht. Erst dann sollten Sie eingreifen.

In jedem Fall sollte die Persönlichkeit Ihres Kindes bei allen Entscheidungen bezüglich des Lebensraumes im Vordergrund stehen. Wenn Sie Kinder aktiv in die Gestaltung ihres Zimmers einbeziehen, können sie lernen, Verantwortung für die Umwelt zu übernehmen. Sie können Erfahrungen sammeln, wie sich Veränderungen in der Umgebung auf sie auswirken, und können spüren, dass es nicht egal ist, mit welchen Dingen wir uns umgeben. Als Erwachsener sollten Sie keine Vorschriften über die Einrichtung des Zimmers machen, wohl aber immer wieder Vorschläge einbringen und diese mit den Kindern (sobald sie dazu in der Lage sind) besprechen. Auch das wünscht sich ein Kind: Es will wissen, wann eine Sache richtig ist und wann nicht, denn es benötigt Orientierung im Umgang mit der Welt. Feng Shui bietet dazu wichtige Leitlinien, die von den meisten Kindern ganz spontan und intuitiv für gut befunden werden, wenn sie sie kennen lernen – nur brauchen sie meist etwas Zeit, um ein Gespür dafür zu bekommen, wie sie es mit ihren individuellen Bedürfnissen in Einklang bringen können. Wenn wir ihnen diese Zeit geben und die Gestaltung des Kinderzimmers zu einer gemeinsamen Sache werden lassen, geben wir den Kindern die Möglichkeit, sich stärker auf sich selbst zu besinnen, mehr Selbstbewusstsein zu entwickeln und sich des eigenen schöpferischen Potenzials bewusster zu werden.

Ein Reich für Kinder

In den ersten Lebensmonaten ist ein eigener Raum für das Kind keine unabdingbare Notwendigkeit. Da das Kind ohnehin viel Zuwendung und Aufmerksamkeit braucht, ist es sinnvoll, es bei Ihnen im Elternschlafzimmer unterzubringen.
Doch bald wird sowohl von Seiten der Eltern als auch des Kindes der Wunsch nach einem eigenen Raum auftauchen – das Kinderzimmer.
Vor rund hundert Jahren noch waren die Bedürfnisse an ein solches Zimmer völlig andere: Da man Kinder «weder hören noch sehen» sollte, lagen die Räume meist weit von denen der Eltern entfernt, vielfach winzige Zimmerchen unter den Dachschrägen. Heute besitzt das Kinderzimmer in der Regel einen weitaus positiveren Stellenwert und ist fest integriert in das Wohnungsganze.
Was bedeutet es für Kinder, einen eigenen Raum zu haben? Es bedeutet in erster Linie, Wertschätzung für die Tatsache zu erfahren, dass sie in einer anderen Welt leben als Erwachsene, einer Welt mit anderen Bedürfnissen und anderen Erfahrungen. Deshalb bedeutet das eigene Zimmer für Kinder, einen Freiraum zu haben, in dem ihre kindlichen Bedürfnisse und Wünsche im Vordergrund stehen – ein Reich für Kinder eben.
Wie aber sollte aus Sicht des Feng Shui ein ideales Kinderzimmer aussehen? Grundsätzlich gilt: Wählen Sie bevorzugt die Zimmer in einer Wohnung oder einem Haus aus, die viel Sonnenlicht haben. Gute Zimmer sind daher in unseren Breiten solche, die nach Süden ausgerichtet sind, bevorzugt nach Südosten, aber auch Osten ist gut geeignet. Traditionell entsprechen Osten und Südosten dem Element *Holz*, welches dem Wachstum des Kindes zugeordnet wird. Wenn sich dies nicht aufgrund der gegebenen Umstände ohne weiteres verwirklichen lässt, sollten Sie durch eine entsprechende Farbgebung, Lichtgestaltung und durch geeignete Hilfsmittel diese Qualität im Zimmer stärken.
Die Raumgröße und die Raumform sind weitere wichtige Kriterien für gutes Feng Shui. Bedenken Sie, dass Kinder in einem Kinderzimmer nicht nur schlafen, sondern auch spielen und später lernen werden. Deshalb muss es in einem Kinderzimmer ausreichend Bewegungsspielraum geben. Bei kleineren Räumen ist dann darauf zu achten, dass sie nicht zu voll gestellt und Stauräume geschickt so angebracht werden, dass sie möglichst

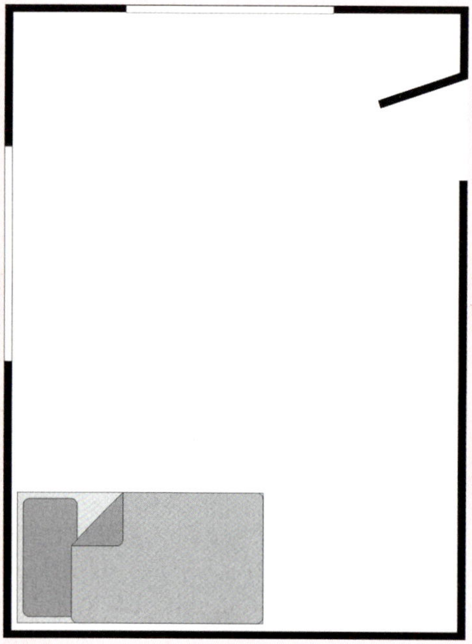

Die einfache rechteckige Form gilt als besonders günstig für Zimmer, weil sie eine klare Gliederung des Raumes in Zonen mit unterschiedlichen Qualitäten erleichtert.

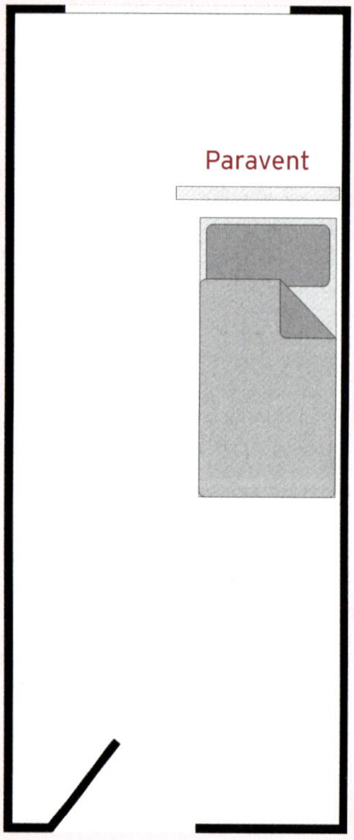

Ein Kinderzimmer, das wesentlich länger als breit ist, bietet weniger Schutzmöglichkeiten. Diese müssen dann durch entsprechendes Mobiliar geschaffen werden, zum Beispiel durch einen Paravent. Der Raum hinter dem Paravent kann wiederum gut genutzt werden, um einen Maltisch, eine Spielecke und später einen Schreibtisch aufzustellen.

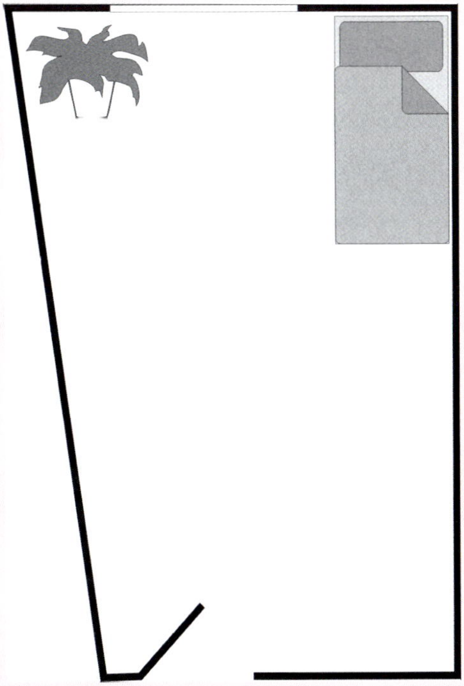

In den immer häufiger auftretenden Fällen von nicht rechtwinkligen Wänden entstehen spitz zulaufende Winkel im Zimmer. Hier staut sich auf ungünstige Weise Qi. Um diesen Effekt abzumildern, empfiehlt es sich, dort eine Grünpflanze aufzustellen oder eine Lichtquelle, zum Beispiel eine Stehlampe. Aber auch ein Mobile kann an dieser Stelle den Qi-Fluss stabilisieren.

wenig von der Bodenfläche wegnehmen.
Überhaupt ist ein wichtiges Merkmal eines Kinderzimmers, dass es die Ausbreitung in die Horizontale erlaubt: Kinder sind lange Zeit darauf angewiesen, die Dinge vor sich ausbreiten zu können, um zum Beispiel ein Spiel auszuwählen. Wenn Spiele in einem schmalen Regal aufeinander gestapelt werden, können vor allen Dingen kleine Kinder nichts damit anfangen, weil weder ihre Koordinationsfähigkeit noch ihre Kraft ausreicht, um das gewünschte Spiel im Stapel mühelos herauszuziehen. Das macht Kinder unselbständig, denn sie müssen immer den Vater oder die Mutter fragen, ihnen das Spiel zu holen. Besser ist es, wenn Spiele so aufgestellt werden können, dass das Kind sie in Ruhe von oben betrachten kann. Eine horizontale Aufbewahrung entspricht den Fähigkeiten und den Bedürfnissen eines Kindes besser, verlangt aber mehr Platz. In kleinen Räumen muss dieser Platz vor allen Dingen durch die Strategie «Weniger ist mehr» geschaffen werden, wie sie im nächsten Abschnitt beschrieben wird.
Aber nicht nur genügend Raum

muss ein Kinderzimmer bieten, auch seine Form ist wichtig. Als besonders günstig gelten gemäßigt rechteckige, nicht unbedingt quadratische Räume. Problematisch sind hingegen lange «Schläuche» und verwinkelte oder gar L-förmige Zimmer. Auch Zimmer mit nicht rechtwinkligen Wänden bereiten Schwierigkeiten. Was man tun kann, wenn das Kinderzimmer eine solche Form aufweist und es keine Alternative gibt, zeigen die Abbildungen auf Seite 46 f.

Weniger ist mehr

Kinder lieben es schrill, bunt und lustig – und Kinder sind prinzipiell chaotisch, mehr noch: Sie lieben Unordnung. Glauben Sie das auch? Dann sind Sie damit nicht alleine, denn eine ganze Industrie lebt davon, dass Erwachsene dies glauben. Und niemand braucht es da zu wundern, dass die Kinderzimmer immer voller werden, immer unübersichtlicher, immer unruhiger und lauter. Viele Kinderzimmer sind kein Ort der Regeneration mehr, sondern überfordern die Sinne der Kinder, die ohnehin schon mit einer zunehmenden Reiz- und Informationsüberflutung außerhalb der vier Wände zurechtkommen müssen.
Das genaue Gegenteil ist der Fall: Kinder lieben es, wenn ihr Zimmer ein Raum ist, in dem sie auch mal zur Ruhe finden können und in dem die Dinge sich nicht andauernd verändern. Sie wollen sich sicher fühlen – und dazu ist es viel wichtiger, dass ihre Umwelt stabil und ausgleichend auf sie wirkt.
Hier gilt die Devise: Weniger ist mehr. Weniger Spielsachen, weniger Farbe, weniger Materialien, weniger Dekorationen. Und je weniger das Zimmer einem kunterbunten Spielwarenladen gleicht, der die Sinne des Kindes aus allen Richtungen über die Maßen herausfordert, umso mehr kann das Kind sich selbst und seine Bedürfnisse im Mittelpunkt seiner Umwelt wahrnehmen.
Das heißt nicht, dass Kinderzimmer farblos und trist aussehen müssen – ganz und gar nicht. Doch macht es Sinn, eine klare Struktur zu verfolgen. Hierzu ein paar Tipps:

- → Setzen Sie Farben gezielt ein, und variieren Sie lieber einen Farbton, als zu viele knallige Farben nebeneinander zu verwenden. Gehen Sie auch vorsichtig mit allzu bunten Tapeten um – lieber setzen Sie einen kräftigen Farbakzent an die Wand als tausend bunte Tupfer.
- → Auch für Muster gilt: Setzen Sie Akzente, aber überfluten Sie den Raum nicht mit Tapeten und

Bordüren aus Teddies, Elfen, Schnörkeln und Ornamenten. Wählen Sie klare und einfache Muster, nicht zu detailreich und nicht zu unruhig.

- Dekorationen sollten ebenso sparsam eingesetzt werden. Wählen Sie lieber wenige Lieblingsstücke, die wirkungsvoll in Szene gesetzt werden und dadurch Beachtung finden als viele kleine Accessoires. Und wenn Abwechslung gewünscht wird, wird einfach ausgetauscht. Also: ein großes schönes Bild an einer Wand anstelle vieler unruhiger Bilder!
- Auch für Spielsachen gilt: Die Auswahl macht's, nicht die Menge. Es hilft auch bei der Ordnung, wenn von jedem Spiel nur eines vorhanden ist, denn es fällt leichter, die Übersicht zu bewahren. Zudem wird Platz gespart, und es gibt mehr Raum zum freien Spielen. Wenn ein Spiel langweilig geworden ist, wird es gegen ein anderes ausgetauscht. Also: ein Puzzlespiel anstelle Stapeln von Puzzlespielen.

Am besten nur Natur – Materialien richtig einsetzen

Auch bei der Wahl der Materialien sollten Sie einige Grundsätze beachten. Aus Sicht des Feng Shui ist Holz das Material der Wahl für Kinderzimmer. Vermieden werden sollte Metall, aber auch Kunststoff. Das bedeutet nicht, dass diese Materialien gar nicht verwendet werden dürfen, aber sie sollten auf keinen Fall dominieren und nur dort eingesetzt werden, wo es wirklich sinnvoll ist, weil andere Materialien zum Beispiel zu schwer wären oder aus hygienischen Gründen. Plastik ist unter anderem auch deshalb in Kinderzimmern so beliebt geworden, weil es als besonders pflegeleicht gilt und die Sachen auch mal fallen gelassen werden dürfen. Doch dahinter steckt eine eigenartige Einstellung zu Kindern überhaupt: Anscheinend gehen Erwachsene davon aus, dass Kinder mit Materialien wie Glas, Keramik oder Porzellan nicht sorgfältig genug umgehen können. Wenn Sie dagegen Kinder auch mit wertvolleren Materialien bedenken, geben Sie ihnen das Gefühl, genauso viel wert zu sein wie Erwachsene!

Gutes Material ist also ein Kennzeichen von Wertschätzung den Kindern gegenüber. Das ist zwar in der Regel mit höheren Anschaffungskosten verbunden, doch wenn Sie dem Grundsatz «Weniger ist mehr» folgen, kommen Sie in der Summe wahrscheinlich sogar günstiger weg.

Auch die Materialien, die Sie für die

Einrichtung des Kinderzimmers verwenden, sollten nach Möglichkeit «nur Natur» sein. Neben den gesundheitlichen Vorteilen vermitteln natürliche Werkstoffe wie Holz, Stein, Terrakotta und Textilien wie Baumwolle, Leinen und Hanf eine größere Lebendigkeit und Vielseitigkeit durch die unterschiedliche Beschaffenheiten. Zugleich wirken sie unaufdringlicher und tragen so zu einer ruhigen und sanften Atmosphäre bei. In einer solchen Umgebung kommen dann die selbst gemachten Bilder der Kinder und die anderen bunten Schätze ganz besonders zur Geltung!

Das bunte Kinderleben – Farben im Kinderzimmer

Kinder lieben Farben. Allzu leicht aber glauben Erwachsene, dies würde poppige und knallige Farben im Kinderzimmer verlangen. Wie bereits erwähnt, ist dies jedoch nur selten wirklich der Fall. Im Sinne des Feng Shui ist sogar dringend davon abzuraten, denn zu viele und zu grelle Farben sind auf Dauer eine Überforderung der Sinne und lenken das Kind davon ab, sich auf sich selbst zu besinnen und aus der eigenen Bilderwelt zu schöpfen. Grundsätzlich gilt:

- → Leuchtende, klare Farben sollten in den Bereichen vorherrschen, in denen die Kinder spielen.
- → Sanfte, pastellige Farbtöne sind gut geeignet für die Bereiche, in denen das Kind schlafen und ausruhen soll.
- → Gehen Sie sparsam mit der an- und aufregenden Farbe Rot um. Sie ist insbesondere im Schlafbereich zu vermeiden. Im Spielbereich hingegen können einige Tupfer angebracht sein.
- → Verwenden Sie nicht zu kalte Farbtöne, zum Beispiel kein reines Blau, sondern eher Blautöne, die ins Grün hineinspielen, oder kombinieren Sie sie mit zartem Gelb und Beige.
- → Kombinieren Sie Farben sparsam. Lieber wählen Sie ein oder zwei Lieblingsfarben des Kindes aus und wählen dafür unterschiedliche Abstufungen.

Verwenden Sie organische Farben aus Zutaten wie Zitrusöl, Leinöl oder Kalk, denn diese lassen die Wände atmen – und fördern so indirekt den Qi-Fluss im Zimmer. Eine schützende Schicht aus wasserlöslichem Mattlack macht diese tendenziell empfindlicheren Anstriche an den Stellen des Zimmers, auf die es ankommt, strapazierfähiger und abwaschbar.
Bei Möbeln muss es ja nicht immer gleich der knallbunte Hochglanz-

lack sein. Eine Lasur aus sanften Farbtönen wie Veilchen, Kiesel, Farn oder Zitrone, die nicht die Maserungen von Holz übertüncht, lässt Stühle, Schränke, Regale und Kommoden weniger starr und streng aussehen und lässt gleichzeitig der Phantasie mehr Spielraum, in den vielfältigen Strukturen seltsame Figuren und Landschaften zu entdecken!

Ein Ort der Erholung – das Bett

Der erholsame Schlaf ist das A und O für die gesunde Entwicklung des Kindes: Hier regeneriert es seine körperlichen Kräfte und verarbeitet in seinen Träumen die Erlebnisse des Alltags. Der Schlafplatz muss Sicherheit und Geborgenheit ausstrahlen und hat deshalb bei der Betrachtung des Kinderzimmers aus Sicht des Feng Shui den absoluten Vorrang und sollte den besten Platz im Raum bekommen.
Aus diesem Grund ist es ideal, wenn Sie das Bett im Raum am Ort der Kraft (vgl. S. 34) aufstellen können. Sollte dies jedoch nicht möglich sein, weil sich zum Beispiel dort ein Fenster ist und es sich deshalb im Qi- Fluss befindet, rücken Sie es Stück für Stück von diesem Ort ab bis in die «Uferzonen» des Qi-Flusses hinein. Sie können auch das Bett mit einem Paravent zum Fenster hin schützen und dadurch den

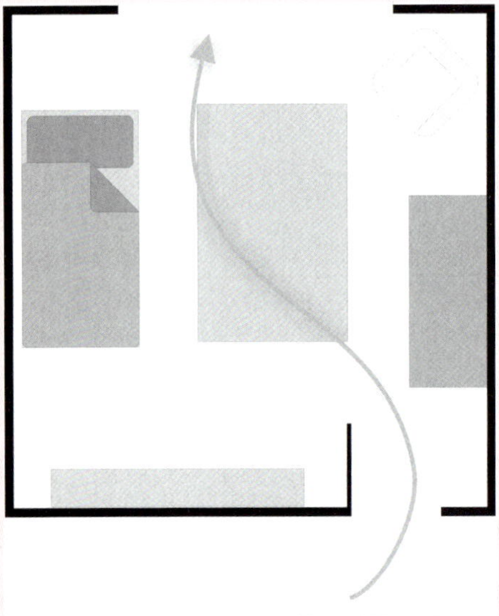

Qi-Fluss umlenken. Auch lichtdichte Vorhänge können diesen Zweck erfüllen.

Stellen Sie das Bett außerdem möglichst weit weg von Heizkörpern, Fenstern oder Türen auf.

Stellen Sie das Kinderbett immer mit einer Längsseite zur Wand auf – niemals frei in den Raum, aber auch nicht nur mit der Kopfseite. Kinder fühlen sich sicherer, wenn sie von einer Wand seitlich geschützt werden. Besser noch ist es, wenn das Kind auch von der Kopfseite her durch eine Wand geschützt ist. Im Zweifelsfall tut es auch ein abschließendes Kopfteil.

Über dem Bett sollte sich jedoch nichts befinden – kein Regal, keine Lampe, grundsätzlich nichts, was von oben her auf den Schlaf des Kindes «drücken» könnte. Problematisch ist hier auch ein Balken oder eine Dachschräge, die direkt über dem Bett verläuft. Sollte es nicht möglich sein, das Bett ideal zu positionieren, können Sie auch ein Himmelbett daraus machen! Oft genügt schon ein breites Tuch, das über verlängerte Bettpfosten gespannt wird, es gibt aber auch im Handel schöne zeltartige Varianten, die aus einem Bett eine kleine Kuschelhöhle machen und zugleich die drückende Energie von Deckenbalken oder Schrägen filtern können.

Stauräume unter dem Bett können ebenso problematisch sein, denn nicht das, was über dem Bett hängt, sondern auch, was sich unter ihm befindet, beeinflusst den Schlaf des

Kindes. Wenn sich unter dem Bett jede Menge Spielsachen befinden oder einfach nur Unordnung, kann dies zu Schlafschwierigkeiten führen. Besser ist es, den Raum unterm Bett frei zu halten oder Spielsachen nicht einfach unters Bett zu räumen, sondern in verschließbaren Kisten und Schachteln darunter zu verstauen.
Auch schwere Möbel neben dem Bett, wie zum Beispiel ein massiver Schrank oder auch nur eine wuchtig wirkende Kommode, haben einen ungünstigen Einfluss auf die Schlafstätte des Kindes, denn sie können bedrückend wirken.
Achten Sie auch darauf, dass das Bett mit dem Kopfteil nicht in Richtung Türe zeigt, und vor allen Dingen darauf, dass das Kind nicht mit den Füßen zur Tür hinauszeigt. Dies gilt im Feng Shui als ganz besonders ungünstige Schlafrichtung.

Fernseher, Computer, Kassettenrekorder – im Grunde haben elektrische Geräte nichts in der Nähe des Bettes verloren! Insbesondere von Fernsehern und Computern ist im Kinderzimmer völlig abzuraten. Achten Sie auch darauf, dass das Bett nicht an einer Wand steht, hinter der sich ein solches stark strahlendes Elektrogerät befindet! Grundsätzlich gilt: Wenn sich elektrische Geräte nicht vermeiden lassen, dann sollten sie so weit wie möglich vom Bett aufgestellt werden. Grünpflanzen in der Nähe des Gerätes können die Wirkung der Strahlung mildern.
Das Bett selbst sollte vorzugsweise aus Holz sein. Holz ist im Feng Shui traditionell das Element des Wachstums und steht für Kindheit. Als besonders ungünstig gelten Betten aus Metall, denn im Zyklus der fünf Elemente schlägt Metall Holz und erzeugt so ein spannungsgeladenes,

ungünstiges Klima. Das gilt auch für Matratzen: Vermeiden Sie Federkernmatratzen, aber auch synthetische Materialien wie Schaumstoffe. Besser sind Naturmaterialien wie Naturkautschuk, Rosshaar und Schafwolle.
Auch die Auswahl der Bettgröße ist wichtig: Auf keinen Fall sollte das Kind in einem Bett schlafen müssen, das für seine Größe zu klein ist! Da Kinder jedoch schnell wachsen, gilt es, hier vorausschauend zu planen und eine Lösung zu finden, die sich auf längere Sicht bewährt. Der Platz im Bett darf ruhig etwas großzügiger bemessen sein, denn das signalisiert, dass es viel Raum gibt für die wachsenden Möglichkeiten des Kindes in seiner Entwicklung.
Ungünstig sind im Übrigen offene Spiegel im Kinderzimmer, insbesondere dann, wenn sich das Kind vom Bett aus darin sehen kann, denn sie regen den Qi-Fluss zu stark an und können damit zu Schlafstörungen führen. Verspiegelte Schränke sollten in einem Kinderzimmer absolut tabu sein! Am besten sind Spiegel, die sich an der Innenseite eines Schrankes befinden. Wenn ein frei stehender Spiegel gewünscht wird, ist es am besten, ihn nachts mit einem schönen Tuch abzuhängen und grundsätzlich so zu platzieren, dass er möglichst weit weg vom Bett steht.

Wohin mit den Spielsachen?

Verstauen Sie die Sachen nach Möglichkeit nicht in geschlossene Regale oder Schränke, sondern verwenden sie offene Systeme, damit das Kind jederzeit den Überblick über seine Spielsachen haben und ganz selbständig aus ihnen auswählen kann. Achten Sie darauf, dass die Höhe der Regale kindgerecht ist: So können Kinder auch anfangen, Ihr Spielzeug ganz alleine wegzuräumen, und müssen nicht noch die Mutter oder den Vater rufen, nur weil sie etwas wegstellen wollen.
Sortieren Sie die Spielsachen in Kisten, am besten in eher flache, nicht zu tiefe Laden, weil Kinder dann leichter in ihnen suchen können. Eine Lade für Bausteine, eine für Holztiere, eine andere für Malsachen usw. Innerhalb dieser Laden können kleine Schachteln wieder für ein System von Ordnung sorgen. Bekleben Sie die Laden mit bunten Bildern, die etwas über den Inhalt verraten – das erleichtert die Orientierung.
Stofftiere finden gut Platz in geräumigen Weidekörben oder werden schön aufgereiht in ein eigenes Regal gestellt oder haben sogar einen eigenen gemütlichen Stofftier-Sessel, auf dem sie jeden Abend nach dem Spielen ausruhen!

Bilderbücher sollten am besten so aufbewahrt werden, dass Kinder sie von vorne erkennen können. Ideal ist ein schräg an die Wand montiertes Regalbrett mit Leiste in Kinderhöhe, auf das Sie die Bücher zur Ansicht legen. Aber auch eine Kiste, in die Sie die Bücher so hineinstellen, dass das Kind sie umblättern kann, um sein Lieblingsbuch zu finden, ist eine gute Möglichkeit.
Regale für Brettspiele, Bastelmaterialien und Puppen sind besonders gut links und rechts von, oder auch über der Türe angebracht. Auf den Regalböden, die für das Kind nicht so gut zu erreichen sind, können Spielsachen aufgestellt werden, die eher ein Blickfang sind und einfach gut aussehen sollen. Oder Sie verstauen dort in schönen Schachteln die Dinge, die gerade für Ihr Kind nicht aktuell sind.
Bewegliche Lösungen sind immer besser als feste Einrichtungen, weil sie sich an die durch das Wachstum des Kindes bedingten Veränderungen der Bedürfnisse besser anpassen können. Kleine Rollregale mit eingehängten Körben, Kisten auf Rollen, aber auch Zugbeutel, die an Haken an der Wand angebracht werden und Puppenkleider, Bauklötze, Autos, Handpuppen in sich bergen, sind praktische und Platz sparende Lösungen. Wenn mehrere Kinder sich ein Zimmer teilen, können diese auch mit dem Namen beschriftet werden oder einem besonderen Symbol versehen sein. Ein alter schöner Reisekoffer oder ein Wäschekorb aus Weidengeflecht ist ideal, um Verkleidungssachen, Tücher, Perücken und Hüte zu verstauen.
Selbst gemalte Bilder können Sie zusammengerollt auf schöne und attraktive Weise in Pappröhren – zum Beispiel Versandröhren – unterbringen, die sie bunt bekleben können und die dann schön geordnet über dem Maltisch aufgehängt werden. Eine entlang der Wand gespannte Leine könnte dazu dienen, eine Ausstellung der schönsten Bilder zu organisieren: Sie werden einfach mit Wäscheklammern aufgehängt! Eine ähnliche Funktion erfüllt eine Pinnwand oder später sogar eine richtige Bildleiste.
Wenn Sie wenig Platz im Kinderzimmer haben, überlegen Sie, wo Sie Spielsachen, die gerade nicht benutzt werden, außerhalb des Zimmers unterbringen können. Gerade dann ist es besonders wichtig, darauf zu achten, dass sich kein «Gerümpel» ansammelt. Tipps zum Ausmisten finden Sie im Abschnitt «Die Sache mit dem Aufräumen».

Fenster und Beleuchtung

Das ideale Licht ist und bleibt das Tageslicht – eine ausreichende Befensterung ist deshalb unumgänglich für gutes Feng Shui in einem Kinderzimmer. Licht bedeutet im Sinne des Feng Shui immer auch eine Zunahme von Qi im Raum. Aus diesem Grund ist die Regulierung des Lichtes von besonderer Bedeutung, um zwischen verschiedenen Energiequalitäten variieren zu können – je nachdem, welche Stimmung gerade angesagt ist.

Grundsätzlich gilt: Die Teile eines Kinderzimmers, die zum Spielen einladen sollen, sowie die Bereiche, die dem Lernen vorbehalten sind, verdienen viel Licht – der Schlafbereich und die Kuschelecke brauchen weniger Licht.

Steht das Bett also in Fensternähe, insbesondere wenn es sich um ein Fenster handelt, das die gesamte Breite einer Wand einnimmt, ist es sehr wichtig, das Bett mit einem mindestens blickdichten, besser noch lichtdichten Vorhang vor dem Lichteinfall aus dem Fenster zu schützen. Weiche, fließend fallende Vorhänge sind dabei immer vorzuziehen. Auch Rollos aus Stoff oder Bambus sind gut geeignet. Vermeiden Sie jedoch Jalousien, insbesondere solche aus Metall.

Die künstliche Beleuchtung ist ebenso wichtig wie natürliche. Dabei gilt der Grundsatz, dass auch das künstliche Licht in seiner Gesamtkonzeption die Qualität des natürlichen Tageslichtes nachahmen sollte. Am besten ist also ein Licht, das sich gleichmäßig im Raum verteilen kann, ohne zu blenden. Mit indirektem Licht kann man zum Beispiel Akzente setzen, wie sie auch dem Spielbereich (hell, klar, aktivierend) und dem Ruhebereich (sanft, weich, entspannend) entsprechen.

Vom Maltisch zum Schreibtisch

Abgesehen davon, dass Kindermöbel sich grundsätzlich an der Körpergröße Ihres Kindes orientieren sollten, müssen Sie darauf achten, dass der Arbeitsplatz Ihres Kindes so platziert ist, dass es ungestört seiner Beschäftigung nachgehen kann. Im Vorschulalter wird ein entsprechender Tisch eher zum Malen oder Spielen verwendet, später aber wird er als Lernplatz eine immer wichtigere Bedeutung gewinnen. Dabei ist zu beachten, dass das Kind nicht mit dem Rücken zur Türe sitzen darf, da dies die Konzentrationsfähigkeit schwächt. Besser ist es, wenn das Kind die Türe und auch das Fenster gut im Blick haben kann. Auch die

Positionierung direkt im Qi-Durchzug des Zimmers, also zwischen Türe und Fenster, ist eher ungünstig und blockiert die Fähigkeit, bei der Sache zu bleiben. Achten Sie auch auf den Lichteinfall: Rechtshänder brauchen Licht von links, und Linkshänder brauchen es von rechts! Worauf blickt Ihr Kind beim Lernen? Ein Blick aus dem Fenster kann unter Umständen eher ablenkend wirken, wenn es in den Raum hineinblickt, sollte es ein motivierendes, die Konzentration förderndes Motiv sehen. Dabei sind einfache und klare Formen vorzuziehen und sehr detailreiche Motive eher zu vermeiden. Viele Kinder lieben dort Bilder von Bäumen, Pflanzen und Tieren, insbesondere solchen, mit denen sie positive Eigenschaften wie Stärke, Mut und Schönheit verbinden, wie Pferde, Hunde und Katzen.

Die Sache mit dem Aufräumen

Ordnung ist das halbe Leben – und aus der Sicht von Feng Shui sowieso, denn Unordnung und Chaos produzieren negative Energien. Was heißt das aber genau? Feng Shui schreibt keine bestimmte Ordnung vor, das heißt, es gibt keine festgelegten Kriterien, nach denen ein Zimmer als aufgeräumt gilt oder eben nicht. Ordnung ist kein rein äußerlicher Zustand, sondern entsteht vielmehr aus dem Wechselspiel zwischen innerem und äußerem Aufgeräumtsein: Sie orientiert sich ausschließlich am Wohlbefinden eines individuellen Menschen in seinem Lebensraum. Dies bedeutet, dass es sehr unterschiedliche Wahrnehmungen geben kann, was unter Ordnung zu verstehen ist. Und es ist kein Geheimnis, dass gerade zwischen Eltern und Kindern nicht selten gravierende Meinungsverschiedenheiten darüber herrschen …

Aber zunächst müssen wir mit einem Vorurteil aufräumen, das immer wieder beim Thema Kinder und Ordnung anklingt. Dieses Vorurteil besagt, dass Kinder prinzipiell unordentlich und chaotisch seien und kein Interesse an Ordnung hätten. Das Gegenteil ist der Fall, nur: Die Ordnung eines Kindes unterscheidet sich wesentlich von der eines Erwachsenen! Der Punkt ist, dass wir Ordentlichkeit mit Ordnung verwechseln. Jeder Mensch braucht Ordnung, denn Ordnung in der Umwelt bedeutet Orientierung im Alltag. Es bedeutet, Überblick und Klarheit zu haben und sich sicher zu fühlen. Wenn Ordnung herrscht, wenn wir wissen, wo wir die Dinge finden, die wir im Alltag brauchen, wenn wir abschätzen können, wie lange eine Situation anhält und was ihr Sinn ist, fühlen wir uns ausgeglichen und können uns auf uns selbst konzentrieren. Wenn Unklarheit, Unsicherheit und Unübersichtlichkeit vorherrschen, werden einige nervös, gereizt, überaktiv, vielleicht sogar aggressiv, andere reagieren verzweifelt und mit Rückzug.

Ordnung ist eng verbunden mit einem Gefühl von Verlässlichkeit: Wir können uns darauf verlassen, dass morgen alles wieder genau so ist, wie es heute war. Gerade Kinder brauchen deshalb Ordnung, denn sie gibt ihnen ein inniges Gefühl von Geborgenheit und Vertrauen in der Welt. Ordnung gibt Kindern das gute Gefühl zu wissen, wo ihr Platz in der Welt ist. Kinder brauchen nicht nur Ordnung, sondern sie *lieben* Ordnung nachgerade, denn sie verbinden Ordnung mit Schönheit, und das, was für sie schön ist, ist für sie wertvoll. Kinder, die in einer geordneten und schönen Welt aufwachsen, können leichter ein Gefühl für ihren eigenen Wert entwickeln und auch ein sorgsameres Verhalten zeigen.

Wie können wir diese Liebe zur Ordnung in Kindern stärken und fördern? Indem wir Ordnung vorleben und sie an Ordnung beteiligen. Im Grunde geht es also um nichts anderes, als das im Kind schlummernde Grundbedürfnis nach

Ordnung zu aktivieren. Das fängt schon damit an, dass wir für unsere Kinder den Tisch genauso schön decken wie für unsere Gäste, dass wir ihnen nicht einfach Vorschriften machen, sondern herausfinden, wie sie gerne Ordnung gestalten möchten und wir gemeinsame Ideen mit ihnen entwickeln, und dass wir sie an allem beteiligen, an dem sie beteiligt werden möchten, und sie nicht ungeduldig abweisen, wenn sie uns helfen möchten, die Spülmaschine auszuräumen, nur weil wir es viel besser und schneller machen können.

Ein Kinderzimmer sollte also so gestaltet sein, dass es dem Kind die Möglichkeit gibt, seinen eigenen Sinn für Ordnung zu entwickeln. Das Zimmer aufzuräumen bedeutet dann, einen Zustand (wieder) herzustellen, der es den Kindern ermöglicht, Ordnung und Überblick zu behalten.

Hier einige Empfehlungen, die helfen können, das Thema mit größerer Leichtigkeit anzugehen:

- → Denken Sie an den Grundsatz «Weniger ist mehr» – je weniger Dinge es gibt, die herumliegen können, umso leichter fällt es Kindern, Ordnung zu halten.
- → Misten Sie regelmäßig zusammen mit Ihren Kindern aus! Aber machen Sie nicht alles auf einmal – besser ist es, Sie nehmen sich immer nur ein Fach oder eine Schublade vor, um das Kind nicht zu überfordern.

Gehen Sie dabei nach dem Drei-Schachtel-Prinzip vor: Legen Sie in einen Karton alle Sachen hinein, die gerade die Lieblingssachen, Lieblingsbücher etc. Ihres Kindes sind, in einen zweiten Karton alle Sachen, die momentan nicht so interessant sind, aber später vielleicht einmal (in diesen Karton können Sie auch die Spielsachen hineingeben, die doppelt vorhanden sind), und einen dritten Karton, in den Sie alles hineingeben, was weggeworfen werden kann, weil es kaputt ist, oder das verschenkt oder auf dem Flohmarkt verkauft werden kann, weil sich Ihr Kind nicht mehr dafür interessiert.

Den Karton mit den Sachen, die vielleicht noch mal interessant werden können, bewahren Sie in einem Schrank auf oder an einem anderen Ort der Wohnung. Bei der nächsten Ausmistaktion holen Sie diese Schachtel hervor, und die Kinder können sich daraus etwas aussuchen, um es mit einem aktuellen Spielzeug auszutauschen. So halten Sie die Menge an Spielsachen einigermaßen konstant, und doch schaffen Sie Abwechslung.

Warten Sie mit dem Karton, der die Sachen enthält, die ausrangiert oder weggegeben werden können, noch eine Weile. Nicht selten erinnert sich das Kind spontan doch noch an die eine oder andere Puppe, die es gerne wiederhaben möchte. Erst vor der nächsten Ausmistaktion beginnen Sie damit, die Sachen wirklich zu entsorgen.

→ Respektieren Sie den schöpferischen Ausdruck des Kindes.

Mühevoll errichtete Bauklotzburgen, Höhlen aus Stühlen und Decken sollten auch mal über Nacht stehen bleiben dürfen. Gehen Sie überhaupt am Anfang nicht zu streng mit Ihren Kindern um – schließlich müssen sie erst ein Gefühl dafür bekommen, was sie wirklich brauchen und was nicht. Dazu benötigen sie Zeit und ein bisschen Erfahrung. Wenn Sie jedoch regelmäßig ausmisten und daraus ein richtiges Ereignis werden lassen, werden Kinder von ganz alleine darauf kommen, wie gut es ihnen tut, sich immer wieder von allem Überflüssigen zu trennen, und wie leicht es dann fällt, Ordnung zu halten. Lassen Sie nicht zu große Zeitspannen vergehen, damit das Chaos gar nicht erst so groß werden kann.

→ Helfen Sie Ihrem Kind, indem Sie den ersten Impuls zum Aufräumen setzen.

Ermuntern Sie das Kind schon von früh an mitzuhelfen, zum Beispiel beim Abräumen des Esstisches, beim Bettenbeziehen, beim Bodenfegen etc. Nehmen Sie sich Zeit, Ihrem Kind alles genau zu erklären, wie es die Dinge erledigen soll und wie man etwas richtig macht, zum Beispiel die Jacke richtig an der Garderobe aufhängt. Auch hier gilt: Seien Sie großzügig, und muten Sie dem Kind nicht mehr zu, als es selbst bereit ist zu tun und körperlich in der Lage ist. Lassen Sie das Kind selbst entscheiden, ob es zum Beispiel die Stifte lieber in einer Schachtel oder einem Becher verstauen möchte.

→ Gemeinsam geht alles besser! Räumen Sie öfter auch mal gemeinsam mit Ihren Kindern auf.

Machen Sie ein Spiel daraus, veranstalten Sie Wettbewerbe und Suchspiele, hören Sie dazu flotte Musik, oder nutzen Sie die Zeit, um sich dabei über den anstehenden Familienurlaub zu unterhalten. Auch das gemeinsame Auspacken und Verstauen von eingekauften Lebensmitteln können bei guter Arbeitsteilung zu einem fröhlichen Ereignis werden. Die Zeit für Ordnung wird so ein fest integrierter Bestandteil des gemeinsamen Familienlebens.

- Steigern Sie den Schwierigkeitsgrad – und damit das Selbstwertgefühl und die Motivation des Kindes.

Gerade anspruchsvollere Tätigkeiten wie Wäsche zusammenlegen, unter Aufsicht Essen kochen, abspülen, Teller einräumen, Lebensmittel aussortieren oder sogar kleinere Einkäufe selbständig erledigen sind eine Herausforderung für das Kind und geben ihm das Gefühl, dass Sie ihm vertrauen. Außerdem verlieren so «einfache» Arbeiten wie das Zimmeraufräumen an Dramatik.

- Beachten Sie bei allem, was Sie tun, dass Sie Ihrem Kind nicht Ihren Geschmack oder Ihre Meinung über das aufdrücken, was Sie für wertvoll halten.

Kinder haben ein ganz anderes Empfinden dafür, was Ihnen wichtig ist – und manchmal können sie sich von der teuren neuen Puppe leichter lösen als vom alten, schon etwas mitgenommenen Stoffhasen.

- Vor allen Dingen respektieren Sie das Kinderzimmer auch als Privatsphäre!

Räumen Sie nicht unaufgefordert einfach auf, sondern sprechen Sie mit Ihrem Kind über alles, und greifen Sie nur dann ein, wenn die Hygiene ernsthaft gefährdet ist.
Aber ein bisschen Chaos kann die Phantasie eines Kindes zuweilen besser anregen als das ununterbrochen perfekt aufgeräumte Paradezimmer! Bedenken Sie auch, dass mit Beginn der Pubertät (zwischen zehn und zwölf Jahren) der Zustand des Zimmers auch Ausdruck der inneren Befindlichkeit sein kann und daher ein wichtiger Ausdruck der Persönlichkeit. Hier ungefragt einzugreifen wird von Kindern in der Regel als massiver Eingriff in ihr eigenes Leben gewertet.
Am Ende aller Bemühungen sollte stehen, dass Kinder eigene Ordnungsstrategien im Leben für sich finden und lernen, sich ihre Arbeit individuell einzuteilen.

Die fünf Elemente

Das Leben ist Wandlung

Die fünf Gehweisen des Lebens

«Das *tao* ist ein sanft leuchtendes Meer reinster Leere, ein perlmuttschimmernder Nebel, grenzenlos und unbefleckt. Geboren aus diesem Meer, umwinden sich spielend zwei Drachen (*yang* und *yin*) ... Aus ihrem Spiel entstehen fünf leuchtende Dämpfe (*wu xing*), blau, rot und gelb, weiß und schwarz. Schatten werfend, wirbelnd, ringend und sich vermischend, geben sie dem Firmament seine Wölbung, der Erde ihre vier Seiten, den zehntausend Dingen ihre vergängliche Gestalt» (Blofeld, Der Taoismus, S. 43). Diese alte taoistische Allegorie zeigt, wie aus dem Wechselspiel der Energien fünf Grundkräfte entstehen, auf deren Zusammenspiel der Lauf des gesamten Universums beruht. Die Lehre von diesen fünf Kräften, der *Wu Xing*, nimmt im Feng Shui eine zentrale Stellung ein. Wer sich mit ihrem Wesen und

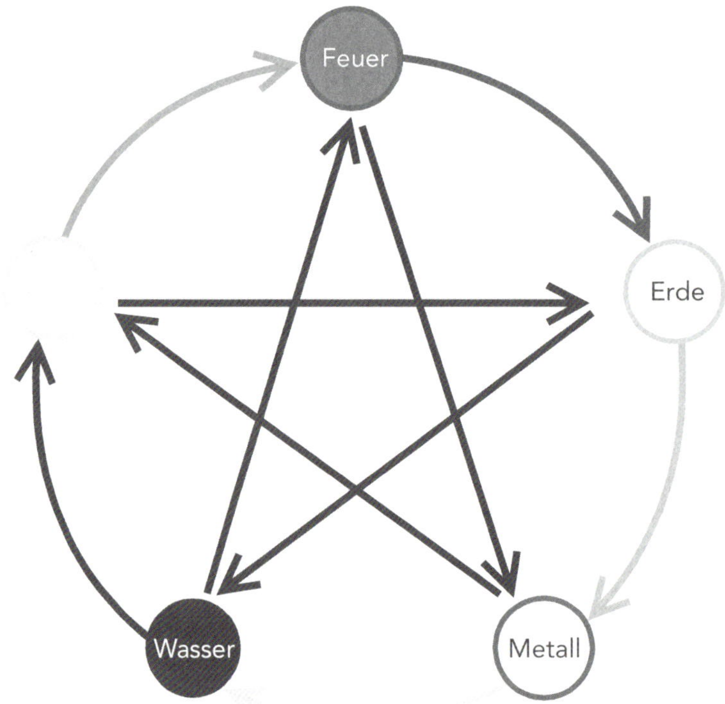

ihrer wechselseitigen Dynamik auseinander setzt und sie versteht, der hat den Schlüssel zu gutem Feng Shui in allen Lebensräumen in der Hand.
Der Begriff Elemente ist dabei nicht ganz richtig, denn es handelt sich um fünf dynamische Prinzipien, die einen ineinander fließenden Kreislauf alles Lebendigen bilden, und nicht wie bei den vier abendländischen Elementen – Feuer, Wasser, Luft und Erde – um eher statische Bausteine des Universums, die sich lediglich miteinander mischen. Es ist daher besser, von *Wandlungsphasen* oder *Gehweisen* zu sprechen, weil diese Begriffe den beweglichen Aspekt betonen. Doch hat sich der Begriff *Elemente* inzwischen in der Literatur eingebürgert und soll auch hier verwendet werden.
Die Jahreszeiten dienen als Vorbild für die fünf Elemente. Aus der Art und Weise, wie sich die natürlichen Kräfte von Wachstum und Leben in den unterschiedlichen Phasen des Jahres ausdrücken, leiten sich Merkmale und Eigenschaften ab, die typisch sind für die Wirkweise des jeweiligen Elements.
Das Wesentliche an den *Wu Xing* ist ihre ununterbrochene Wandlung. Jede Phase geht unweigerlich in die nächste über und erzeugt diese.

Der nährende Zyklus – neue Kraft gewinnen

Diese fünf Phasen sind nicht statisch, sondern befinden sich ununterbrochen im Fluss. Sie gehen ineinander über, verwandeln sich ineinander und bilden einen sich schließenden Kreis. In diesem Zyklus «nährt» ein Element das folgende und bildet die notwendige Grundlage für dessen Wirken. Am besten können Sie sich den Zyklus so merken:
Der nährende Zyklus kommt immer dann zum Einsatz, wenn wir einem Element Kraft zuführen wollen.

Wandlung	Merk-Bild
Holz wandelt sich in **Feuer.**	Holz ist die Grundlage für Feuer …
Feuer wandelt sich in **Erde.**	… und verbrennt zu Asche (Erde).
Erde wandelt sich in **Metall.**	Im Stein (Erde) finden wir Erz (Metall), …
Metall wandelt sich in **Wasser.**	… welches geschmolzen fließt wie Wasser.
Wasser wandelt sich in **Holz.**	Wasser ist die Grundlage für das Wachstum von Holz.

Tabelle 1: Nährender Zyklus

Wenn Sie später Ihr persönliches Feng Shui-Element herausgefunden haben, dann hilft Ihnen das im Zyklus vorangehende, nährende Element, in Zeiten der Schwäche neue Energie zu gewinnen.

Der ableitende Zyklus – das rechte Maß finden

Wenn wir nun die Perspektive ändern und in entgegengesetzter Richtung diesen Zyklus beschreiben, sehen wir, wie das nachfolgende Element seinem Vorgänger Energie entzieht. Jede Wandlungsphase nährt sich dabei auf Kosten der vorangehenden, sodass diese natürlich an Kraft verliert. Man könnte auch sagen: Jedes Element leitet an das nachfolgende Element einen Teil seiner Energie ab. Deshalb nennen wir diesen Zyklus *ableitenden Zyklus*.
Diesen Zyklus können wir gut gebrauchen, wenn wir zu viel Energie haben – und auch ein Zuviel ist immer ein Zeichen von Ungleichgewicht! Wenn wir uns zum Beispiel unausgelastet fühlen und die Kräfte unseres persönlichen Feng Shui-Elements sich nicht zeigen und entfalten können, kommt es zu einem Energiestau in uns. Um diese Blockade zu lösen, können wir die überschüssige Energie ableiten und dem Zyklus wieder zuführen.

Der kontrollierende Zyklus

Dann gibt es noch den Zyklus, in dem jeweils die übernächsten Elemente miteinander verbunden werden. In der Mitte unserer Kreisdarstellung bildet sich so ein eingeschriebener Fünfstern. In diesem Zyklus kontrollieren sich die Elemente gegenseitig, das heißt, sie schränken die ungehinderte Entfaltung ein und verhindern so, dass

Wandlung	Merk-Bild
Feuer entzieht **Holz** die Energie.	**Das brennende Feuer verzehrt Holz.**
Holz entzieht **Wasser** die Energie.	**Die Wurzeln der Bäume saugen das Wasser auf.**
Wasser entzieht **Metall** die Energie.	**Wasser kühlt das geschmolzene Metall ab.**
Metall entzieht **Erde** die Energie.	**Der Pflug bearbeitet den Acker.**
Erde entzieht **Feuer** die Energie.	**Steine speichern die Wärme des Feuers.**

Tabelle 2: Ableitender Zyklus

Wandlung	Merk-Bild
Holz kontrolliert **Erde.**	Die Wurzeln der Bäume verdrängen Erde.
Erde kontrolliert **Wasser.**	Aus Erde und Stein baut man Eindämmungen für Wasser.
Wasser kontrolliert **Feuer.**	Wasser löscht Feuer.
Feuer kontrolliert **Metall.**	Feuer ist in der Lage, Metall zu schmelzen.
Metall kontrolliert **Holz.**	Aus Metall sind Äxte, um Holz zu schlagen.

Tabelle 3: Kontrollierender Zyklus

eine Aktionsform zu dominieren beginnt und so das ganze Gefüge aus dem Gleichgewicht gerät:
Mit dem kontrollierenden Zyklus zu arbeiten bedarf einiger Übung. Er sollte auf jeden Fall nicht auf Dauer, sondern nur gezielt eingesetzt werden, um bestehende Blockaden zu lösen. Dem nährenden und dem ableitenden Zyklus ist auf alle Fälle der Vorzug zu geben.
Eine besondere Bewandtnis hat es mit dem Element, das sich zwischen zwei Elementen des kontrollierenden Zyklus befindet und gewissermaßen eine Brücke bildet. Es kann als ein Vermittler zwischen den Wandlungsphasen betrachtet werden und sorgt auf diese Weise für einen sanften Ausgleich der Kräfte. Das *Brücken-Element* schließt den Zyklus und lässt die Energien wieder ungehindert fließen.

Die Elemente im Leben der Kinder

Die fünf Elemente verkörpern fünf Aktionsformen des menschlichen Lebens. Jedes hat seine Berechtigung, und nur das Zusammenspiel aller gibt uns das Gefühl, ganz zu sein und in Harmonie mit uns selbst. Jeder Mensch hat alle fünf Elemente für sich zur Verfügung, später wird sich aufgrund der individuellen Ausprägung der Menschen die eine Qualität stärker abzeichnen als die andere. Doch grundsätzlich sollte jeder Mensch in seinem Leben alle Ausdrucksformen erfahren können und mit ihnen umgehen lernen. Aus diesem Grund finden Sie in diesem Buch keine Tabelle, mit der Sie berechnen können, welches Element Ihr Kind ist. Leicht gerät man in die Versuchung, das Verhal-

ten von Kindern in eine bestimmte Richtung zu deuten, sie auf einen bestimmten Charakter festzulegen. Dabei wird aber die im Kind angelegte Vielfalt an Ausdrucksmöglichkeiten beschnitten. Kinder sollen alles sein und alles dürfen, um möglichst viele verschiedene Erfahrungen im Leben zu sammeln. Wenn wir sie nicht zu früh festlegen, wird sich ihre Individualität von ganz allein aus der Vielzahl der Eindrücke ihrer Kindheit herauskristallisieren. Zugleich haben sie alle Facetten des Lebendigseins kennen gelernt und können so flexibler auf sich verändernde Umweltbedingungen reagieren.
Die Arbeit mit den fünf Elementen hat also in Bezug auf Kinder einen ganz anderen Stellenwert. Hier geht es darum, Kindern die Möglichkeit zu geben, das gesamte Spektrum zu erleben, aber auch ein Ungleichgewicht zu harmonisieren, ein Zuviel oder Zuwenig auszugleichen. Dazu ist es notwendig, unsere Kinder zu beobachten: Wie reagieren sie im Alltag auf die ihnen gestellten Herausforderungen? Wie verhalten sie sich gegenüber uns und anderen Menschen? Was beschäftigt und bewegt sie gerade? Wie drücken sie ihre Bedürfnisse aus, und wie zeigen sie dies in ihren Handlungen?
Im Folgenden stelle ich Ihnen die Qualitäten der Elemente vor und zeige Ihnen neben der grundsätzlichen Bedeutung auch, wie sich ein Überschuss oder ein Mangel am entsprechenden Element ausdrücken könnte. Wenn Sie den Eindruck haben, dass ein entsprechendes Ungleichgewicht bei Ihrem Kind vorliegt, können Sie der Empfehlung folgen, ein ausgleichendes Element einzusetzen. Sie können dann im Anhang im Symbole-Lexikon nachschlagen und finden dort konkrete Anregungen und Ideen, um dies in die Tat umzusetzen, zum Beispiel durch entsprechende Accessoires im Kinderzimmer oder gemeinsame Aktivitäten.

Holz – Kreativität und Tatendrang

Holz verkörpert das Qi des Frühlings, wenn sich die gesamte Natur im Aufbruch befindet. *Es* steht deshalb für Bewegung nach außen und in alle Richtungen – wie Bäume, die im Verlauf ihres Wachstums nach allen Seiten den Raum ergreifen: Mit ihrer Krone streben sie zum Himmel hinauf, mit ihren Wurzeln in die Erde hinein, ihre Zweige und Blätter strecken sich zur Seite. *Holz* sorgt für Flexibilität, gepaart mit Stabilität – so wie sich die Äste und Zweige eines Baumes im Wind biegen, ohne zu brechen. Als Energie des Frühlings verleiht es Tatendrang und neue Ideen. Richtig

eingesetzt macht es optimistisch und gibt Mut zur Veränderung.
Im Leben eines Kindes spielt der Holz-Aspekt eine sehr wichtige Rolle, denn Kindheit ist Holzzeit. Wir spüren Holz in unseren Kindern vor allem in der Begeisterung, die sie ausstrahlen und mit der sie ihre Umwelt lebendig machen.
Wenn die Holzkräfte in einem Kind ausgewogen und stabil sind, drückt sich dies in Freude an Bewegung, Kreativität und Spontaneität aus. Kinder sind voller Tatendrang und aufgelegt zu Abenteuern, bei denen sie mit Freude Unbekanntes entdecken. Sie sprühen vor Ideen und bringen sich selbst gerne ein. Mut ist ein weiteres Merkmal ausgeglichener Holzkräfte: Das Kind scheut Konfrontationen nicht und ist zugleich bereit, für sich selbst aktiv einzustehen.
Ist der Holz-Aspekt jedoch überbetont, erleben wir Kinder häufig als kleine Diktatoren, die zwar gerne sagen möchten, wo es langgeht, ihrerseits aber keinen Finger rühren, um eine Sache zu verwirklichen. Wenn die Dinge nicht so laufen, wie es sich das Kind vorgestellt hat, bricht es in Zornesgeschrei aus, und wütende Tränen fließen. Kompromisse will es nicht schließen – entweder es geht nach seinem Willen oder eben nicht.
Aggressives Verhalten ist eine typische Reaktion auf Zurücksetzung durch die Umwelt. Vielleicht verweigert es trotzig, überhaupt mit anderen Kindern zu spielen, oder geht sogar hin und macht den

anderen Kindern vor lauter Wut etwas kaputt.

→ Kinder, die zu viel Holz-Energie besitzen, brauchen das Element Feuer, um einen ausgeglichenen Zustand zu erreichen.

Zu wenig Holz-Energie macht Kinder interesselos und passiv. Auf Zurückweisung oder auf ein «Nein» reagiert es mit Rückzug in die Schmollecke, spielt die beleidigte Leberwurst – ohne zu versäumen, sich dabei der Aufmerksamkeit der anderen zu vergewissern. Insgesamt wirkt es eher unsicher, gehemmt und ungeschickt, ist leicht zu entmutigen und ist schnell eingeschnappt. Die Folge ist zunehmender Rückzug auf sich selbst.

→ Kinder, die zu wenig Holz-Energie in sich tragen, benötigen das Element Wasser, um wieder ins Lot zu kommen.

Feuer – Willenskraft und Gefühl

Feuer steht für die transformierende Kraft der Sommerhitze, welche die Früchte der Erde reifen lässt. Es äußert sich deshalb in einem Streben nach oben – so wie die Flamme sich nach oben verjüngend aufsteigt. *Feuer* steht deshalb für Ausstrahlung von Licht und Wärme. Es ist von heiterer und lebhafter Natur und verkörpert Enthusiasmus ebenso wie die Hingabe an andere – so wie Feuer Helligkeit und Hitze spendet. Richtig eingesetzt verleiht es Willenskraft und Selbstbewusstsein und hilft uns, ein Vorbild durch unsere Taten zu sein. Mit Feuer erleben wir uns als Wesen voller Emotionen, die wir gerne in der Umwelt zum Ausdruck bringen möchten. Es hilft uns, uns auf der Gefühlsebene mit anderen verbunden zu fühlen und unsere Freude am Leben mit ihnen zu teilen.

Im Kind erleben wir das Element Feuer vor allen Dingen in seiner unglaublichen Fähigkeit, sich über alles zu freuen und sich spontan und ohne Vorbehalte für eine Sache zu begeistern, «Feuer und Flamme» zu sein. Wenn die Feuer-Kräfte gut ausgeprägt sind, strahlen Kinder Wachheit und Lebenslust aus und stecken uns mit ihrer Fröhlichkeit und Herzlichkeit an. Im ausgewogenen Feuer-Zustand kann ein Kind mühelos Kontakte zu anderen Kindern knüpfen, sich auf sie einlassen und schnell Gemeinsamkeiten finden. Es spielt gerne mit anderen und ist in der Lage, sich selbst voll und ganz einzubringen, ohne andere zu dominieren.

Wenn die Feuerkräfte phasenweise überhand nehmen, wirken Kinder überdreht und überaktiv. Sie drängeln sich in den Mittelpunkt, spielen den Kasper, übertönen alle anderen und sind kaum zu bändigen. Sie scheinen keine Grenzen und kein Ende zu finden. Hält diese Tendenz länger an, wirken Kinder mit einem Feuer-Überschuss rastlos, sind emotional leicht aus dem Gleichgewicht zu bringen und können nicht warten, bis sie an der Reihe sind. Sie scheinen keine Ruhe zu finden und können nicht lange bei einer Sache bleiben, langweilen sich schnell und sind immer auf der Suche nach dem nächsten Kick.

→ Kinder, bei denen ein Feuer-Überschuss vorherrscht, benötigen das Element Erde als Ausgleich.

Wenn die Feuer-Kräfte zu schwach ausgeprägt sind, erleben wir Kinder, die den Kontakt zu anderen scheuen und der Umwelt mit großem Misstrauen begegnen. Sie lassen andere Kinder nicht bei sich mitspielen und scheinen sich selbst zu genügen. Wenn dieser Zustand länger anhält, baut es soziale Kontakte ab und wirkt desinteressiert an dem, was andere tun. Es geht dem Kontakt mit anderen Menschen aus dem Weg und wird mehr und mehr zum Einzelgänger.

→ Kinder, die einen Feuer-Mangel aufweisen, sollten durch das Element Holz gestützt und gefördert werden.

Erde – Ruhe und Vertrauen

Erde entspricht im Grunde keiner eigenen Jahreszeit, sondern verkörpert den gemeinsamen Bezugspunkt aller Elemente – die Kraft der Manifestation. Während *Holz*, *Feuer*, *Metall* und *Wasser* umformende Kräfte darstellen, ist *Erde* eine bewahrende Form von Qi. Als verbindende Kraft strebt es danach, den Wandlungen Dauerhaftigkeit und Stabilität zu verleihen. *Erde* sorgt deshalb dafür, dass die Elemente eine Ausdehnung in die Materie erfahren, sich konkretisieren können, denn sie besitzt die Kraft, zu sammeln, zu speichern, aufzunehmen. Da *Erde* eigentlich in jeder Jahreszeit gegenwärtig ist, vor allen Dingen in den Übergängen, und eher die Kraft räumlicher Ausdehnung und nicht so sehr die Kraft zeitlicher Entwicklung verkörpert, kann man sie auch als Mitte der Wandlungsphasen begreifen. Andererseits kann ihre Kraft am besten im Spätsommer erfahren werden, wenn die Kraft des *Feuers* zwar nachgelassen hat, seine Wärme aber im Erdboden gespeichert ist und von dort weiter abgestrahlt wird. *Erde* bringt Ruhe und

Gelassenheit ins Spiel. Richtig angewandt verhilft dieses Element zu Geduld und Vertrauen. Es macht zuverlässig und beständig und stabilisiert.
Ein Kind, das über die volle Kraft der Erde verfügt, strahlt Sicherheit und Ruhe in seinem Verhalten und seiner Erscheinung aus. Ganz von selbst wenden sich ihm andere Kinder zu, weil sie sich von seiner klaren und selbstbewussten Art angezogen fühlen. Bereitwillig hilft es anderen Kindern, wenn es merkt, dass sie etwas nicht alleine schaffen. Bei allem, was es tut, geht es planvoll und bedächtig vor. Freundschaften sind ihm sehr wichtig, und es ist in der Lage, sich auch in schwierigen Situationen loyal zu verhalten. Überhaupt können Kinder mit einer ausgeglichenen Erde sehr gut Gruppenprozesse in Gang setzen und aufrechterhalten, denn sie schaffen Verbindungen zwischen anderen.
Wenn die Kräfte des Elementes Erde jedoch zu stark ausgeprägt sind, nimmt das Bedürfnis nach Sicherheit überhand. Das Kind fühlt sich von den vielfältigen Eindrücken, die aus der Umwelt auf es einströmen, viel zu schnell überfordert, und es fällt ihm schwer, Situationen richtig einzuschätzen. Alles Fremde, Neue und Ungewohnte wird kategorisch abgelehnt. Stattdessen will es sich ununterbrochen vergewissern, dass sich nichts verändern wird. Es verlangt dauernde Anerkennung und Beachtung und gerät schnell aus dem Lot, wenn diese einmal nicht seinen Bedürfnissen entsprechend ausfallen: Das kann sich in Anfällen von schlechter Laune äußern, mit denen die Umwelt unter Druck gesetzt werden soll, aber auch durch übertriebenes Zugehen auf andere, um sich die Aufmerksamkeit zu ergattern.

→ Kinder mit einem Erde-Überschuss benötigen als Ausgleich das Element Metall.

Wenn die Erde-Energie zu kurz kommt, beginnt das Kind sich in seine eigene Wirklichkeit zurückzuziehen, ist nur noch mit sich selbst beschäftigt und baut sich eine Scheinwelt auf.
Es lässt sich nicht gerne stören und vermeidet alles, was Unruhe in das Leben bringen könnte. Dabei wirkt es lustlos und abhängig von äußeren Impulsen, um überhaupt in Bewegung zu kommen. Mit sich selbst möchte es sich gar nicht gerne beschäftigen – lieber liest es Bücher, sieht fern oder hört Märchenkassetten. Manchmal wird Essen zum Ersatz für fehlende Zuwendung.

→ Kinder, bei denen das Erde-Element zu schwach ausgeprägt ist, können mit dem Element Feuer gestärkt werden.

Metall – Entschlossenheit und Klarheit

Im Herbst herrscht *Metall*-Qi vor. Es vollendet die Dinge, indem sie ihrer Bestimmung übergeben werden. Für die Früchte des Feldes bedeutet dies die Erntezeit, und so mag das Werkzeug der Schnitter Vorbild für diese Art von Qi gewesen sein. *Metall* zeigt konzentrierende Eigenschaften, so wie sich das Leben im Herbst allmählich zurückzieht und in sich kehrt. *Metall* steht für Vollendung und die Kraft der Objektivität. Es macht entschlossen und verschafft Klarheit. Richtig eingesetzt verhilft es uns zu mehr Konzentration und größerer Disziplin.
Wenn die Metall-Kräfte in einem Kind im Lot sind, fällt es ihm leicht, einen Sinn für Ordnung, Ehrlichkeit und Gerechtigkeit zu entwickeln. Es kann klar die Notwendigkeit erkennen, sich über die Erfüllung bestimmter Pflichten am gemeinschaftlichen Leben zu beteiligen. Mit großer Gewissenhaftigkeit ist es bei der Sache und widmet sich den Dingen mit dem nötigen Ernst und Respekt. Struktur und Klarheit sind ihm wichtig, und im Zweifelsfall kann es sich von ganz allein dafür einsetzen, sofern seine Kräfte dazu ausreichen. So wie es sich seines eigene Freiraumes bewusst ist, anerkennt es die Freiräume anderer

Kinder und kann die eigenen Bedürfnisse mit denen der Gemeinschaft gut koordinieren. Es fällt ihm leicht, zu lernen und das Gelernte praktisch umzusetzen.
Nehmen die Metall-Eigenschaften in einem Kind überhand, kommt es schnell zu Konflikten mit der Umwelt. Autoritäten werden nicht akzeptiert, und es neigt dazu, alles besser zu wissen. Oft wirken Kinder dann altklug auf uns, wie kleine Erwachsene, die sich selbst und vor allen Dingen anderen gegenüber zu streng und unnachgiebig sind. Andere Kinder werden abschätzig, lieblos und ungerecht behandelt. Im übertriebenen Metall-Zustand machen Kinder einen rechthaberischen und berechnenden Eindruck – und das macht sie nicht gerade zu beliebten Spielkameraden.

→ Wenn die Metall-Kräfte zu stark im Leben eines Kindes wirken, kann mit dem Element Wasser ein Ausgleich geschaffen werden.

Wenn die Metall-Kräfte zu schwach ausgeprägt sind, fühlt sich das Kind hilflos und ungeschützt, weil es ihm schwer fällt, eine Struktur im Leben zu finden. Das kann dazu führen, dass Gewohnheiten übertrieben werden und sich zu kleinen Ticks entwickeln. Auch fehlt die Abgrenzungsfähigkeit von anderen – aus Mangel an eigener Orientierung hängen sie sich an andere, oft größere Kinder, wobei es nicht selten vorkommt, dass sie ausgenutzt werden, weil sie sich nicht zu wehren wissen.

→ Kinder mit einem Metall-Mangel kann man mit dem Element Erde stärken.

Wasser – Hingabe an sich selbst

Der Winter schließlich bringt das Qi des *Wassers* hervor. *Wasser* bewegt sich stets nach unten und sammelt sich am tiefsten Punkt – so wie sich das Leben mit dem Verschwinden der Vegetation tief unter die Erdoberfläche zurückgezogen hat. *Wasser* kann sich allen Formen anpassen und besitzt doch die Kraft, auf Dauer den stärksten Stein zu «höhlen». *Wasser* bringt Erkenntnis und Innenschau. Richtig eingesetzt kann es helfen, loszulassen und sich selbst zurückzunehmen. Es löst Blockaden in der Kommunikation durch Einsicht und Verständnis. Wenn die Energien des Elements Wasser ausgewogen in einem Kind in Erscheinung treten, können wir beobachten, wie es ruhig und konzentriert bei der Sache ist. Der typische Wasser-Zustand wurde von Maria Montessori als «Polarisation der Aufmerksamkeit» bezeichnet:

Es ist eine bemerkenswerte Hingabe an das, was jetzt gerade ist, eine tiefe Freude beim Spielen und beim Tun der Dinge, die nicht gestört werden will, sondern in ihrer entspannten Ernsthaftigkeit respektiert werden möchte. In diesen Momenten ist das Kind sich selbst ganz nahe und erschließt für sich ganz neue innere Erfahrungswelten. Sobald diese Phase der inneren Sammlung abgeschlossen ist, kann es sich wieder zufrieden und glücklich auf seine Umwelt einstellen und auf sie zugehen.
Kindern, bei denen sich die Wasser-Energie staut, fällt es schwer, sich aus dieser Versunkenheit zu lösen. Sie bleiben die meiste Zeit in sich gekehrt und werden zunehmend introvertierter, bis sie sich schließlich ganz abkapseln. Allerdings ist dieser Rückzug nicht sehr produktiv, sondern die Kinder machen zugleich einen angestrengten, erschöpften Eindruck, sind schüchtern und mutlos, sind leicht genervt und jammern schnell.

→ Bei Wasser-Überschuss ist es ratsam, mit dem Element Holz einen Ausgleich zu schaffen.

Wenn das Element Wasser zu wenig ausgeprägt ist, fällt es Kindern schwer, sich auf eine Sache zu konzentrieren. Sie wechseln schnell das Thema, handeln alles nur oberflächlich ab und lassen sich auf nichts wirklich ein. Es kann sich eine Tendenz entwickeln, sich aus jeder Verantwortung für das eigene Tun herauszuwinden. Versprechen werden nicht gehalten, Geschichten erfunden, die dies rechtfertigen, und Meinungen schnell geändert, wenn es die Situation erfordert.

→ Um einen Ausgleich bei Wasser-Mangel zu unterstützen, sollte das Element Metall eingesetzt werden.

Die Elemente im Leben der Eltern

Der wichtigste und bedeutendste Einfluss auf das Leben des Kindes ist und bleibt derjenige der Eltern. Gutes Feng Shui kann deshalb nicht damit enden, dass wir im Zimmer des Kindes dieses oder jenes Heilmittel einsetzen und dieses oder jenes Element stärken. Neben der Umgebung müssen auch Sie als Eltern in Ihrem Verhalten auf die Bedürfnisse eingehen. Wenn Sie also zum Beispiel im Leben Ihres

Kindes das Feuer-Element durch den Einsatz von Holz fördern wollen, dann müssen auch Sie dieses Holz-Element ausstrahlen – auch Sie sollten Ihren Beitrag leisten, um die Kreativität des Kindes zu fördern. Eine bloße Veränderung der Umwelt wäre ohne diese zusätzliche Orientierung durch die Eltern nur Stückwerk.
Wenn Sie also feststellen, dass Ihr Kind die Kraft eines bestimmten Elementes jetzt besonders brauchen kann, nehmen Sie sich einfach ein paar Minuten, um die Fragen für sich zu beantworten: Sie können Ihnen helfen, die Energien des Elements in Ihnen zu wecken, um sie an Ihr Kind weiterzugeben. Auf diese Weise tun Sie nicht nur Ihrem Kind etwas Gutes, sondern letztendlich auch sich selbst.

Holz – Orientierung geben

Folgende Fragen können Ihnen helfen herauszufinden, wie gut Sie im Einklang mit dem Element Holz sind:

→ Wie gut gelingt es Ihnen, sich auf die Bedürfnisse Ihres Kindes einzustellen? Wie gut können Sie Ihre eigenen Bedürfnisse gegenüber denen Ihres Kindes durchsetzen?

→ Wie gut gelingt es Ihnen, Kinder zu motivieren, kreativ zu werden und Eigenverantwortung zu zeigen? Wann klappt es gut? Wann weniger?

→ Wie kreativ sind Sie selbst im Umgang mit Kindern? Wie spontan und erfindungsreich sind Ihre Unternehmungen? Wie geht es Ihnen mit der Abenteuerlust Ihrer Kinder?

→ Was bedeutet für Sie Kindheit? Wie drücken Sie Ihre Vision von Kindheit im Zusammenleben mit Ihren Kindern aus? Wie hat das Leben mit Ihren Kindern diese Vision beeinflusst und verändert?

Feuer – Vorbild sein

Diese Fragen bringen Sie mit Ihren Feuer-Kräften in Kontakt:

→ Bereitet es Ihnen Freude, sich mit Ihren Kindern zu beschäftigen? In welchen Situationen macht es Ihnen besonders viel Spaß, und wann fällt es Ihnen besonders schwer?

→ Haben Sie das Gefühl, ein gutes Vorbild für Ihr Kind zu sein? Welche Werte verkörpern Sie Ihrer Meinung nach am deutlichsten? Welche Werte möchten Sie vermitteln?

- Wie gut können Sie auf die Gefühlswelt Ihres Kindes eingehen? Wie gehen Sie mit den eigenen Gefühlen um? Wie erleben Sie Wut, Trauer, Verzweiflung, Freude, Angst im Umgang mit Ihren Kindern? Wie zeigen Sie Ihre Gefühle?
- Wie gehen Sie ganz für sich allein mit Ihren Gefühlen um? Hat sich durch das Leben mit Kindern etwas daran geändert?

Erde – Sicherheit geben

Wenn Ihr Kind Erde-Kräfte von Ihnen benötigt, helfen Ihnen diese Fragen, das entsprechende Bewusstsein zu entwickeln:

- Wie gehen Sie mit dem Sicherheitsbedürfnis Ihres Kindes um? Wie unterstützen Sie Ihr Kind bei seinen täglichen Aufgaben?
- Wie gut können Sie in der Beschäftigung mit Ihren Kindern bei der Sache bleiben? Was macht es leicht, und was macht es schwer?
- Wie stark ist Ihr Bedürfnis nach Ruhe? Wie gelassen können Sie auf Unruhe reagieren? Was macht es leicht? Was macht es schwer?
- Was bedeutet Ihnen Sicherheit im Leben? Wie sicher fühlen Sie sich gerade? Haben Sie das Gefühl, selbst genug unterstützt zu werden?

Metall – Anerkennung schenken

Folgende Fragen lassen die Metall-Seiten in Ihnen anklingen:

- → Wie klar sind Ihnen die eigenen Freiräume gegenüber Ihren Kindern? Wie gut können Sie sich von Ihren Kindern abgrenzen? Respektieren die Kinder Ihre Grenzen? Wann tun Sie es – und wann nicht?
- → Wie gut können Sie sich von einmal gemachten Erfahrungen mit Ihren Kindern lösen, um sie immer wieder mit neuen Augen und im Prozess zu sehen?
- → Wie gut können Sie sich selbst Anerkennung schenken? Wofür würden Sie sich mehr Anerkennung und Respekt wünschen? Wie gehen Sie mit Lob und Anerkennung um?
- → Wie leicht fällt es Ihnen, sich von Vorurteilen, Voreingenommenheiten und schlechten Erfahrungen zu verabschieden, um Raum für neue Möglichkeiten zu schaffen?

Wasser – Einsichten fördern

Die eigenen Wasser-Qualitäten im Umgang mit Ihren Kindern können Sie mit diesen Fragen entdecken:

- → Fühlen Sie sich im Umgang mit Ihren Kindern inspiriert? Wie intensiv sind die Erlebnisse mit Ihren Kindern? Wie gut können Sie sich dabei gehen lassen? Wie entspannt sind Sie dabei?
- → Was tun Sie in Ihrer Freizeit? Gelingt es Ihnen, aus Ihrer inneren Quelle zu schöpfen? Haben Sie das Gefühl, wieder in Ihre Mitte zu kommen? Wann gelingt es, und wann gelingt es nicht?
- → Wie gut gelingt es Ihnen abzuschalten? Wie fühlen Sie sich, wenn Ruhe und Stille einkehren? Finden Sie die Muße, über sich selbst nachzudenken und über Ihr eigenes Leben zu reflektieren?
- → Wie wichtig sind Ihnen Erkenntnis und Einsicht in größere Zusammenhänge? Welche Einsichten für Ihr eigenes Leben ziehen Sie aus dem Umgang mit Kindern?

Tabelle rechts: Nehmen Sie sich einen Augenblick Zeit, und schätzen Sie Ihr Kind nach den oben aufgeführten Eigenschaften ein. Wenn Sie den Eindruck haben, dass Ihr Kind über zu wenig Kraft im Ausdruck dieser Eigenschaften verfügt, dann setzen Sie ein Kreuz in die entsprechende Zeile, wobei «-» auf wenig Kraft hinweist, «--» auf sehr wenig Kraft. Wenn Sie den Eindruck haben, dass Ihr Kind über zu viel Kraft im Ausdruck der Eigenschaften verfügt, setzen Sie entsprechend ein Kreuz bei «+» (viel) oder bei «++» (sehr viel). Wenn Sie keine Aussage machen können oder Sie das Gefühl haben,

Einschätzungstest zu den fünf Elementen

	Mein Kind …	eher zu wenig	ausgeglichen	eher zu viel
		-- -	0	+ ++
HOLZ	… kann sich durchsetzen		X	
	… nimmt die Dinge gerne in die Hand	X		
	… ist mutig und risikobereit	X		
	➔ ausgleichendes Element	**Wasser**		**Feuer**
FEUER	… ist selbstbewusst		X	
	… ist begeisterungsfähig	X		
	… knüpft gerne Kontakte zu anderen	X		
	➔ ausgleichendes Element	**Holz**		**Erde**
ERDE	… ist geduldig		X	
	… hilft gerne anderen	X		
	… will Zuwendung		X	
	➔ ausgleichendes Element	**Feuer**		**Metall**
METALL	… kann sich gut auf eine Sache konzentrieren		X	
	… ist pflichtbewusst	X		
	… kann sich gut von anderen abgrenzen		X	
	➔ ausgleichendes Element	**Erde**		**Wasser**
WASSER	… kann gut bei sich selbst bleiben	X		
	… findet Zeit für Ruhe und Entspannung	X		
	… kann sich leicht mitzuteilen		X	
	➔ ausgleichendes Element	**Metall**		**Holz**

dass Ihr Kind mit den Eigenschaften ganz ausgeglichen ist, dann machen Sie Ihr Kreuz bei «0».
Am Ende können Sie sehen, wo die Schwerpunkte Ihres Kindes bei der Entfaltung der fünf Elemente liegen: je weiter in den äußeren Bereichen der Spalten, um so unausgeglichener ist die Kraft – und umso eher sollten Sie sich überlegen, ob Sie für entsprechende Hilfestellung sorgen können. Das entsprechende ausgleichende Element finden Sie am Ende jeder Spaltenkombination, die zu einem Element gehört.
Lesen Sie in jedem Fall noch einmal die Erläuterungen zu den angesprochenen Elementen in diesem Kapitel durch.

Die Acht Lebenswünsche

Raum für Bedürfnisse

Die grundlegenden Bedürfnisse des Menschen

Die alten Chinesen wussten, dass sich Qi in einem Raum nach einem ganz bestimmten Muster verteilt. Deshalb besitzt jeder Winkel eines Raumes eine andere Qualität: mal dynamisch und anregend, mal kontemplativ und besänftigend. So entstand das Muster der Acht *Lebenswünsche*, auch *Ba Gua* oder «Acht Zeichen» genannt.

Hinter diesen Acht Lebenswünschen verbirgt sich eine Beschreibung der acht grundlegenden menschlichen Bedürfnisse. Diese Bedürfnisse haben alle Menschen gemeinsam, und auf der Ebene dieser Bedürfnisse begegnen wir einander.

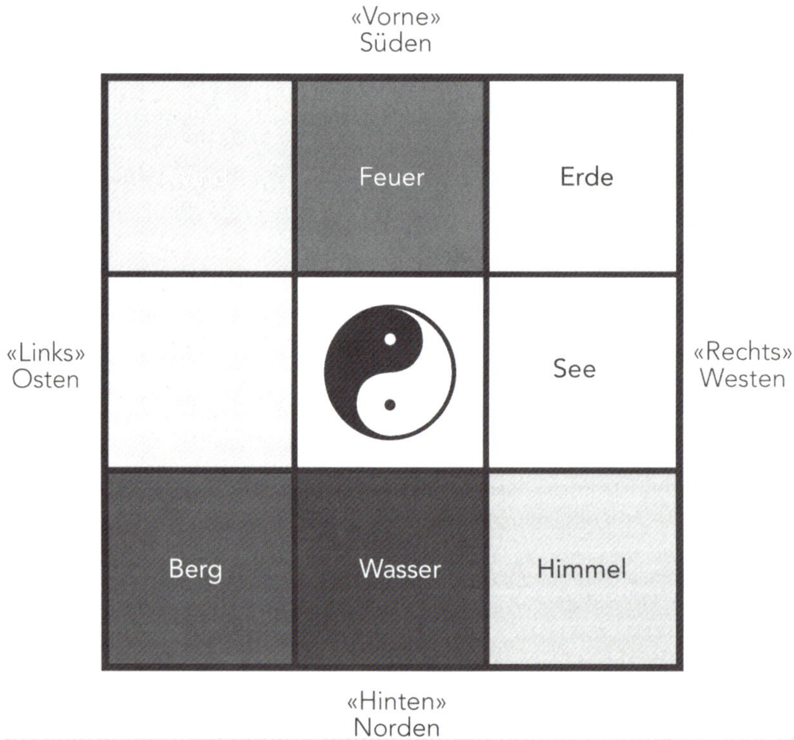

Heilmittel für die Acht Lebenswünsche

Um die positiven Kräfte in Ihren vier Wänden zu mehren, werden *Heilmittel* in den entsprechenden Bereichen eingesetzt: Das sind bestimmte Gegenstände und Symbole zur Stärkung des Qi, die wir auch schon im Abschnitt über die Umwandlung und Zerstreuung von Sha kennen gelernt haben. Der Sinn der Heilmittel für die Acht Lebenswünsche besteht in erster Linie darin, unsere Aufmerksamkeit auf einen bestimmten Bereich zu lenken, der ein Bedürfnis verkörpert, das sich gegenwärtig nicht ausreichend erfüllt, um dadurch die Atmosphäre zu harmonisieren. Wir können uns vorstellen, dass die positiven Energien, die wir dabei investieren, dort gespeichert werden und auf uns zurückwirken. Die Beschäftigung mit diesem Bereich ist dabei mindestens ebenso wichtig wie die korrekte Anwendung der Gegenstände.

Wenn wir feststellen, dass in einem der Bereiche der Acht Lebenswünsche etwas nicht in Ordnung ist (manchmal im wahrsten Sinne des Wortes!), dann stärken die Heilmittel aufgrund ihrer Form, Farbe oder Symbolkraft die Energien dieses Bereiches. Dadurch wird nicht nur der Bereich selbst aufgewertet, sondern auch das entsprechende Lebensthema ins Lot gebracht. Hintergrund für die Auswahl der Heilmittel ist dabei die Zuordnung der Ba Gua zum Zyklus der fünf Elemente. Hier eine Übersicht über die einzelnen Gua und die Elemente, die den jeweiligen Bereich heilen können:

Um ein entsprechendes Heilmittel für einen Bereich zu finden, können Sie anhand der Elementezuordnungen im Symbole-Lexikon das Richtige für sich herausfinden. Dabei

Ba Gua	Heilende Elemente
Donner	Holz, Wasser
Wind	Holz, Feuer
Feuer	Feuer
Erde	Feuer, Erde
See	Metall, Erde
Himmel	Metall, Wasser
Wasser	Wasser
Berg	Erde, Metall

können Sie dort, wo zwei Elemente angegeben sind, auch beliebig kombinieren, zum Beispiel für den Bereich *Erde* eine gelbe (Erde) Kerze (Feuer) oder für den Bereich *Wind* eine Pflanze (Holz) mit roten (Feuer) Blüten etc.

Welche Räume sind geeignet?

Jeder abgrenzbare Raum kann nach dem Muster der *Ba Gua* gestaltet werden. Ein Zimmer, der Garten oder Balkon, ja sogar der Schreibtisch. Der Raum wird mit Hilfe eines Rasters in neun gleich große Felder unterteilt, und die *Acht Lebenswünsche* gruppieren sich rund um das leere Mittelfeld, dessen Bedeutung der Nabe eines Rades gleicht: Es profitiert von der Bewegung des gesamten Qi, wenn alle Ba Gua harmonisiert wurden, und hält die Bewegung aufrecht. Wie die Nabe eines Rades, die selbst keine Bewegung aufweist, laufen doch alle Speichen in ihr zusammen.

Wenn wir das Muster der Ba Gua auf Kinder anwenden wollen, bietet sich in erster Linie das Kinderzimmer an: Hier können wir ganz spezifisch auf die Bedürfnisse des Kindes eingehen. Wenn mehrere Kinder sich ein Zimmer teilen, können Sie ganz spezifisch für die Bedürfnisse eines Kindes arbeiten, denn alle Veränderungen, die Sie in einem Bereich vornehmen, werden ganz von selbst genau denjenigen erreichen, der sie gerade braucht. Das andere Kind, das nicht von einem Heilmittel betroffen ist, profitiert indirekt davon, indem die Gesamtsituation im Kinderzimmer ausgeglichener und harmonischer wird.

Es macht auch wenig Sinn, *alle* Lebenswünsche gleichzeitig zu behandeln. Es ist wichtig, dass Sie hier Prioritäten setzen und sich zunächst auf die Themen konzentrieren, die Ihnen im Augenblick wirklich am Herzen liegen.

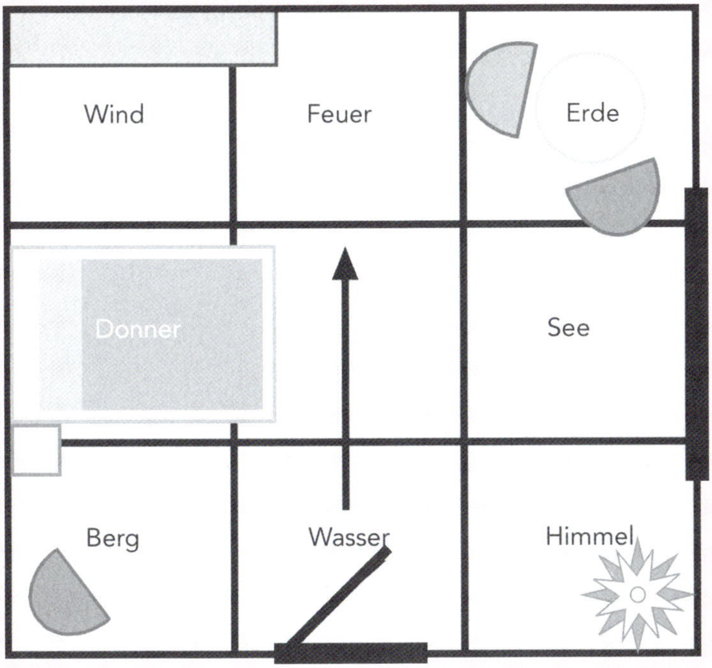

Wie richte ich das Muster der Ba Gua aus?

Das Muster der Ba Gua kann auf zwei verschiedene Weisen auf einen Raum übertragen werden. Da jedem Lebenswunsch auch eine *Himmelsrichtung* zugeordnet ist, können Sie es nach dem Kompass ausrichten. Diese Methode ist besonders zu empfehlen für Häuser auf freien Grundstücken und für Gärten. Für kleinere Wohnungen, einzelne Räume und kleinere Bereiche hat sich die Methode der Ausrichtung nach der *Blickrichtung* des Eintretenden bewährt.
So finden Sie nach dieser Methode die Acht Wünsche in einem Raum:

→ Stellen Sie sich in die Türe des Raumes, den Sie untersuchen möchten. Blicken Sie dabei auf die gegenüberliegende Wand.

Wichtig: Wenn ein Raum mehrere Türen hat, dann verwenden Sie stets diejenige Türe, die architektonisch als Haupteingang für den Raum vorgesehen ist!

→ Schlagen Sie die Abbildung der Ba Gua auf und orientieren die Graphik so, dass das Feld *Feuer* in Ihre Blickrichtung zeigt. Dies ergibt folgende Anordnung:

- *Feuer* entspricht stets der Mitte der Ihnen gegenüberliegenden Wand. Die Raumecke links davon entspricht *Wind*, die Ecke rechts davon *Erde*.
- *Donner* liegt in der Mitte der Wand links von Ihnen und *See* in der Mitte der Wand rechts von Ihnen.
- Die Wand, in der sich auch die Türe befindet, in der Sie gerade stehen, teilt sich ebenfalls in drei Bereiche auf: Die linke Ecke neben Ihnen belegt *Berg*, die Mitte der Wand *Wasser* und rechts daneben *Himmel*.

→ Für die Tür ergeben sich drei mögliche Positionen: entweder im Bereich *Berg*, im Bereich *Wasser* oder im Bereich *Himmel*. Aus diesem Grund heißt diese Methode der Ausrichtung auch «Drei-Türen-Ba-Gua».

Was Kinder brauchen – die Anwendung der Ba Gua

Um das Muster der Ba Gua sinnvoll anzuwenden, sollten Sie sich zunächst etwas Zeit nehmen, um herauszufinden, welche Bedürfnisse bei Ihrem Kind oder Ihren Kindern zurzeit im Vordergrund stehen.
Wie aber finde ich heraus, was Kinder wirklich brauchen?
Der erste Schritt in Richtung einer Antwort auf diese Frage beginnt bei uns selbst. Sind Sie in der Lage zu sagen, was Sie jetzt gerade besonders dringend brauchen? Nehmen Sie sich ein paar Minuten Zeit, vielleicht atmen Sie einfach ein paar Mal tief ein und aus, werden ruhig, schließen die Augen und lauschen für einige Momente in sich hinein. Dann stellen Sie sich die Frage: *Was brauche ich jetzt gerade?*
Lassen Sie sich überraschen, welche Antwort aus den Tiefen Ihres Be-

wusstseins nach oben steigt – vielleicht sind es Sätze, vielleicht Bilder, vielleicht Gefühle. Vielleicht sind sie zunächst nur schwach zu vernehmen und fragmentarisch – vielleicht werden sie aber stärker und deutlicher, wenn Sie noch genauer hinhören …

Üben Sie dies sooft wie möglich – es ist eine einfache Übung, die Sie in jeder Verschnaufpause machen können. Sie werden merken: Je öfter Sie sich selbst nach Ihren Bedürfnissen fragen, umso besser werden Sie die Anzeichen verstehen, die immer dann auftauchen, wenn Ihre Bedürfnisse nicht erfüllt werden.

Wenn Sie das nächste Mal in eine Situation geraten, in der Sie sich unwohl, gestresst, bedrückt, müde, genervt, ungeduldig, ärgerlich, ängstlich oder verzweifelt fühlen, halten Sie inne, lauschen Sie wieder in sich hinein und stellen sich wieder die Frage: *Was brauche ich jetzt? Welches Bedürfnis in mir wird gerade nicht erfüllt?*

Auf diese Weise trennen Sie den Gefühlsausdruck von dem, was Sie gerade an Gefühlen herumtreibt. Sie geben dem Ärger, der Wut und der Angst nicht die Chance, die Kontrolle über sich zu bekommen: Sie sind nur mehr Anzeiger eines nicht erfüllten

Bedürfnisses. Anschließend können Sie genauer wahrnehmen, was Sie jetzt *wirklich* brauchen.

Kinder haben es noch viel schwieriger, ihre Bedürfnisse angemessen darzustellen. Sie können sehr emotional darauf reagieren, wenn sie nicht das bekommen, was sie brauchen – Tränen der Wut und der Verzweiflung, Trotz und Schmollen sind der äußere Ausdruck, auf den wir nicht selten wiederum genervt und gestresst reagieren. Was können wir tun? Wir können versuchen herauszufinden, welches nicht erfüllte Bedürfnis sich hinter dem Gefühlsausbruch versteckt, und können dann darauf reagieren. Ist es der Wunsch nach Selbstbestimmung, der sich darin ausdrückt, dass Ihr Kind Ihren Anweisungen nicht folgen möchte? Ist es das Bedürfnis nach Zuneigung und Aufmerksamkeit, dem Ihr Kind folgt, wenn es Sie mit seinem Geplapper verfolgt? Sagt es aus Angst vor dem Verlust der Liebe nicht die Wahrheit? Findet es keine Stille und ist deshalb so nervös und unausgeglichen?

Beobachten Sie Ihr Kind, und lernen Sie, aus seinen Gefühlsäußerungen, aus seiner Mimik, Gestik und aus seinem Verhalten abzulesen, was es wirklich jetzt gerade braucht. Das Muster der Ba Gua kann Ihnen anschließend dabei helfen, Impulse in der Umwelt Ihres Kindes zu setzen, die Ihre Absicht, es bei der Erfüllung seiner Bedürfnisse zu unterstützen, bekräftigen. Selbstredend kann die Anwendung eines Heilmittels keinen der Acht Lebenswünsche von selbst erfüllen – es genügt sicher nicht, hier und dort ein wenig Farbe anzubringen oder einen Kristall aufzuhängen. Entscheidend aber ist, dass Sie einen Anfang machen und ein Zeichen setzen. Dieses Zeichen steht für Ihren guten Willen und stärkt mit seinen Energien Ihre Absicht – und genau dies ist es, was ein Kind von Anfang an spüren wird: dass Sie es ernst meinen und dass Sie die Gefühle und Bedürfnisse Ihrer Kinder genauso respektieren und achten, wie Sie Ihre eigenen Gefühle und Bedürfnisse achten.

Diese Übersicht kann Ihnen helfen, den richtigen Bereich zu finden, in dem Sie ein Zeichen zur Unterstützung Ihrer Kinder setzen können:

	Menschliches Bedürfnis	Ba Gua
1	Autonomie, Selbstwert, Selbständigkeit, Abwechslung, Spannung	Donner
2	Sicherheit, Nahrung, Schutz, Ruhe, Unterkunft, Bewegung, Unversehrtheit, körperliche Gesundheit, Entspannung	Wind
3	Anerkennung, Gestaltung, Erfüllung, Sinnhaftigkeit, Engagement, Selbstachtung, Selbstbestimmung, Selbstausdruck, Wachstum, Freude	Feuer
4	Zuneigung, Geborgenheit, Wärme, Nähe, Liebe, Einfühlsamkeit, Vertrauen, Sinnlichkeit	Erde
5	Teilnahme, Gemeinschaft, Beitrag, Rücksichtnahme, Ehrlichkeit, Akzeptanz, Feiern, Unterstützung, Zugehörigkeit, Mitbestimmung, Verpflichtung, Kooperation	See
6	Ordnung, Inspiration, Frieden, Wahrheit, Harmonie, Schönheit, Sinn, Humor, Gerechtigkeit, Freiheit	Himmel
7	Identität, Kreativität, Träume, Fantasie, Vorstellung, Spielen	Wasser
8	Verständnis, geistige Gesundheit, Lernen, Meditation, Neugier, Selbsterkenntnis, Stille, Für-sich-sein.	Berg

Donner – das Bedürfnis nach Selbständigkeit

Zhen – das Erbeben, das Erregende – Donner – Osten
Heilende Elemente: Holz, Wasser

Der Drache erhebt sich

Der Drache erwacht aus seinem Schlaf und erhebt sich im Frühling mit lautem Getöse zum Himmel hinauf – der erste Donner und der erste Regen. Es heißt: «Alle Wesen treten hervor im Zeichen des Erregenden», werden sichtbar und zeigen sich, so wie die ersten Strahlen der Sonne die Morgennebel auflösen. Das Zeichen *Donner* steht für den Frühling: Die Vegetation beginnt wieder zu sprießen, und die Keimlinge bahnen sich ihren Weg aus dem Dunkeln der Erde ans Licht der Welt. Als Tageszeit entspricht es der Stunde, zu der sich im Osten die Sonne erhebt und ein neuer Tag

anbricht. Aus diesem Grund ist dieser Bereich mit den Energien des Neuanfangs verbunden.
Jeder Mensch hat das Bedürfnis, seinen Weg selbst bestimmen zu können und eigene Entscheidungen über sein Leben zu treffen. Der Bereich *Donner* steht für dieses Bedürfnis nach Selbständigkeit. Hier erhalten wir die Erlaubnis, jederzeit unsere Zelte abzubrechen und nur unserem inneren Ruf zu folgen – auch gegen die Wünsche und Erwartungen der anderen. *Donner* sorgt auf diese Weise für Abwechslung im Leben und hilft uns dabei, festgefahrene Vorstellungen über Bord zu werfen und alte Gewohnheiten hinter uns zu lassen. Hier finden wir die Kraft für einen Neuanfang und die Überwindung der Vergangenheit.

Für Kinder – «Ich werde, was ich bin»

Donner steht für die Geburt des Menschen aus seiner Familie heraus in das individuelle Leben. Für das Kind ist dieser Bereich deshalb besonders wichtig, denn er symbolisiert auf der einen Seite die Zusammenhänge, in die es hineingeboren wurde – seine Herkunftsfamilie also –, und auf der anderen Seite auch die Fähigkeiten, sich aus diesen Zusammenhängen herauszuentwickeln, um ein eigenes und selbständiges Leben zu führen. *Donner* gibt dem Kind Mut, sich auf seine eigenen Füße zu stellen und immer mehr für sich selbst einzustehen. Vor allen Dingen findet es hier die Kraft, sich als ein eigener Mensch zu erleben, der über sein Leben selbst entscheiden kann. Die Familie ist hier als Ausgangsort zu verstehen, als Anfang eines Weges, den jeder Mensch irgendwann auch in eigener Verantwortung gehen muss.

Stärken Sie diesen Bereich für Ihr Kind …

… wenn es Schwierigkeiten hat, sich von anderen abzugrenzen, und sich gegen andere nicht behaupten kann.
… wenn es mutlos und kraftlos ist und zu schnell aufgibt.
… in neuen und ungewohnten Situationen, die Selbstvertrauen erfordern, wie Einschulung, erster Tag im Kindergarten, neue Umgebung nach dem Umzug etc.

Wind – das Bedürfnis nach Sicherheit

Xun – die Wurzel, das Sanfte –
Wind, Holz/Baum – Südosten
Heilende Elemente: Holz, Feuer

Der Atem der Erde

Nach dem Aufbruch der Natur folgt eine stillere Phase der Festigung in der Natur: Aus den Keimen entwickeln sich Pflanzen, die an Stärke zunehmen – «sie werden völlig im Zeichen des Sanften», heißt es. Die lauen Lüfte des *Windes*, unsichtbar und doch spürbar, fangen sich im immer dichter werdenden Blätterwerk der Bäume und Büsche und tragen den Blütenstaub von einer Pflanze zur anderen: der fruchtbarkeitsspendende himmlische Segen, der «Atem der Erde». Zugleich dringen die Wurzeln immer tiefer in das Erdreich ein und sorgen für Halt und Stabilität.

Das Bedürfnis nach Sicherheit hat viele Gesichter. Da ist zum einen der Wunsch nach körperlicher Unversehrtheit, nach physischer Gesundheit, der einhergeht mit dem Wunsch nach gesunder und ausreichender Nahrung und dem Schutz vor Krankheiten und anderen lebensbedrohenden Einflüssen. Wir wollen uns bewegen können, ein Dach über dem Kopf haben, wo wir auch unsere Ruhe finden können, um uns zu entspannen. All diese Aspekte umfasst *Wind* und steht deshalb in besonderem Maße mit dem Thema «Wohnen» in Verbindung, denn die vier Wände unseres Zuhauses sind der Ort, an dem wir uns Schutz und Sicherheit vor der Welt «da draußen» wünschen.

Für Kinder – «Hier bin ich Mensch»

Das Bedürfnis nach Sicherheit hat für Kinder viele Gesichter: Es geht ebenso um gesunde Nahrung wie um ausreichend Raum, um sich körperlich und seelisch zu entfalten. Das Kinderzimmer selbst sollte Ausdruck dieses grundlegenden Bedürfnisses eines Kindes nach Sicherheit sein: Es sollte ein Ort des Schutzes und der Geborgenheit sein, in welchen sich das Kind zurückziehen kann, um sich auf sich selbst zu besinnen. Aber auch die Familie selbst ist ein solcher Nährboden des Lebens: Hier findet das Kind Verlässlichkeit und Vertrauen, hier wird es so angenommen, wie es ist. Dieser Bereich steht für die Möglichkeit, darauf zu bauen, dass es etwas gibt in der Welt, an das ich mich halten kann – für Kinder ganz besonders wichtig, um Vertrauen in das Leben zu gewinnen. Deshalb brauchen sie Routine, Rituale und Beständigkeit – all dies steht im Zusammenhang mit *Wind*.

Stärken Sie diesen Bereich für Ihr Kind …

… in kritischen Phasen, die ein Gefühl von Haltlosigkeit und Unsicherheit auslösen – zum Beispiel bei Heimweh oder wenn es krank ist.
… wenn es Schwierigkeiten hat, Vertrauen in seine Umwelt aufzubauen.
… wenn es ihm schwer fällt, Routine zu entwickeln, und nicht lange bei einer Sache bleiben kann.

Feuer – das Bedürfnis nach Anerkennung

Li – das Haftende, das Ausstrahlen – Feuer, Licht – Süden
Heilende Elemente: Feuer

Leuchtfeuer auf dem Weg

Wenn die Sonne ihren jährlichen Höchststand zur Zeit der Sommersonnenwende erreicht und in ihrem täglichen Bogen über dem südlichen Horizont am höchsten über unseren Köpfen steht, beginnt die wärmste und hellste Zeit des Jahres bzw. des Tages. *Feuer* ist mit der Eigenschaft des «Haftenden» verbunden, weil es einen Stoff braucht, an dem es «haften» kann, um von ihm zu zehren. Es strahlt in alle Richtung aus und bringt Licht in unser Bewusstsein, erhellt unsere Gedanken. In der Dunkelheit leuchtet uns das Feuer den Weg: Es zeigt uns die möglichen Ziele unserer Lebensreise wie ein Leuchtturm in der Nacht.
Kein anderes menschliches Bedürfnis ist so stark wie das Bedürfnis nach Sinn im Leben. Wir alle wollen, dass unsere Handlungen sinnvoll sind und dass die Wege, die wir beschreiten, uns am Ende an ein Ziel bringen. Den richtigen Weg erkennen wir daran, dass er uns Freude macht und wir das Gefühl

haben, mit jedem Schritt in die Zukunft zu wachsen. *Feuer* gibt uns die Kraft, unser Leben als Ausdruck unserer Persönlichkeit zu betrachten und es aktiv zu gestalten. Zur Erfüllung dieses Bedürfnisses gehört auch, dass wir für das, was wir sind und was wir hervorbringen, respektiert und anerkannt werden. Deshalb steht *Feuer* nicht nur für die Selbstachtung, sondern auch für die Achtung, die uns andere entgegenbringen.

Für Kinder – «Lass mir meinen eigenen Weg»

«Alle Kinder wollen gut sein. Und sie sind es auch, wenn wir ihnen die Möglichkeit dazu geben.» Dieser Ausspruch von Maria Montessori zeigt auf, was *Feuer* für Kinder bedeutet: Es ist der Wunsch nach Anerkennung für das, was sie hervorbringen und tun. Kinder schauen auf uns Erwachsene, um herauszufinden, wann etwas «gut» ist, und wenn wir ihnen klare Bilder und Regeln davon geben, werden sie bereitwillig sich bemühen, diese auch umzusetzen. Später werden es dann die eigenen sein, die sie als Erwachsene verfolgen. Dabei ist es jetzt wichtig, dass Kinder auch Fehler machen und aus ihnen lernen dürfen. Gerade dann, wenn es nicht so gut läuft, brauchen sie unsere Anerkennung ihrer Bemühungen und Anstrengungen. So werden ihr Mut und ihr Selbstbewusstsein gestärkt, sich selbst zu vervollkommnen und die eigene Persönlichkeit immer weiter zu entfalten – und zwar ohne Druck, perfekt sein zu müssen. *Feuer* hilft Kindern, Selbstvertrauen in sich selbst zu haben und das Leben als eine große Herausforderung zu betrachten, immer vollständiger zu werden und immer besser. Es hilft ihnen, ein eigenes leuchtendes Bild von ihrem Leben zu entwickeln und dieses mit Freude zu verfolgen.

Stärken Sie diesen Bereich für Ihr Kind …

… wenn es einen Misserfolg zu verbuchen hat und sich ungenügend fühlt oder einen Fehler gemacht hat und deshalb niedergeschlagen ist.
… wenn es kein Vertrauen in die Zukunft hat und es ihm schwer fällt, sich zu bemühen.
… wenn es mutlos ist und unter Versagensängsten leidet.

Erde – das Bedürfnis nach Liebe

Kun – empfangen – Erde, Raum – Südwesten
Heilende Elemente: Erde, Feuer

Das Fundament des Lebens

Das reine Licht der Sonne ist so lange farblos, bis es auf die Struktur und die Oberfläche der Materie trifft und dort zum Teil zurückgestrahlt wird: Farben und Formen werden sichtbar, die Vielfalt des irdischen Lebens kann sich zeigen. Ein Teil der Energie wird auch von der *Erde* als Wärme gespeichert und setzt dort kreative Prozesse in Gang. Die Erde ist die Grundlage des menschlichen Lebens. Sie nährt uns und gibt uns Halt. Sie ist das Fundament des Lebens. *Erde* entspricht dem Spätsommer: Die Sonne hat jetzt ihren Höchststand überschritten, und ihre Bahn führt sie immer näher an den Horizont.
Liebe ist das Fundament des Lebens. Ohne Liebe gibt es keine Verbundenheit zwischen Menschen, und das Bedürfnis nach Liebe ist es, das uns uns danach sehnen lässt, das Leben mit einem anderen Menschen zu teilen. Diese Bedürfnis ist unzweifelhaft das wichtigste in unserem Zusammenhang, und deshalb ist *Erde* auch der wichtigste Lebenswunsch. Wenn wir diesen Bereich stärken und harmonisieren, dann schaffen wir einen Raum für unser Bedürfnis nach Zuneigung, Wärme und Geborgenheit in der Beziehung zwischen Kind und Eltern. *Erde* ist der Ausdruck für unsere Fähigkeit, einfühlsam und zärtlich miteinander umzugehen – die Grundlage für das Vertrauen in jeder Beziehung.
In der chinesischen Tradition wird dieser Bereich speziell mit der Mutter verbunden, wahrscheinlich weil die liebenden und nährenden Eigenschaften eng mit dem klassischen Bild der rein auf Fürsorge und Güte reduzierten Mutter verbunden werden. In der modernen Anschauung ist der Bereich Liebe kein weibliches Privileg mehr, sondern sollte von allen erfüllt werden, die sich mit der Erziehung von Kindern beschäftigen – unabhängig vom Geschlecht.

Für Kinder – «Sieh das Gute in mir!»

«Das ganze Geheimnis liegt in zwei Worten: Milch und Liebe.» So formulierte es die Pädagogin Maria Montessori. Damit meinte sie, dass ein Kind nicht nur angemessene Nahrung und Pflege benötigt, sondern auch seelische Nahrung, eben die Liebe. Das hört sich sehr einfach an, aber was ist Liebe genau? Bedeutet es, ein Kind zu lieben, wenn man es verwöhnt? Oder besteht Liebe gerade darin, dass man auch mal streng ist und deutliche Grenzen setzt? Heißt Liebe, das Kind zu seinem Glück zu zwingen? All dies führt wahrscheinlich an dem vorbei, was Liebe zu einem Kind wirklich bedeutet. Wenn Liebe dem Bereich *Erde* zugeordnet wird, spricht dies Bände: Liebe ist nicht das, was wir am Kind tun oder nicht tun – es ist das, was die Beziehung zwischen beiden trägt, das Fundament, der Grund. Kinder fühlen sich geliebt, wenn sie hinter allen schönen und manchmal auch weniger schönen Dingen zwischen Eltern und Kind diesen Grund spüren – den Grund, warum sie hier sind. Sie wollen spüren, dass sie gewollt sind und dass wir sie ernst nehmen. Es kommt dabei nicht auf das an, was wir sagen oder tun oder wie, sondern darauf, ob unsere Kinder spüren, dass wir das Gute in ihnen sehen können.

Stärken Sie den Bereich Erde für Ihr Kind ...

... wenn es sich ungeliebt und missverstanden fühlt und es be-

sonders viel Zuspruch und Hilfe braucht (zum Beispiel bei Eifersucht auf ein Geschwisterchen).
... in Phasen, in denen die Beziehung zwischen Ihnen und Ihrem Kind belastet ist, weil es zu Auseinandersetzungen kam.
... auch einfach so, wenn Sie das Gefühl haben, dass Sie Ihrem Kind mal wieder ganz deutlich sagen möchten, wie sehr Sie es lieben und immer für es da sein wollen.

See – das Bedürfnis nach Gemeinschaft

Dui – das Heitere, Offene – See, Wasserfläche – Westen
Heilende Elemente: Metall, Erde

Miteinander das Leben gestalten

Im Westen geht die Sonne unter. Das Bild des *Sees* verbindet uns mit dem Gedanken der Vollendung, so wie der Untergang der Sonne den Tag zu einem Ende bringt und im Herbst sich die Bestimmung der Vegetation in Reife und Ernte erfüllt. Der Mensch blickt in den *See* wie in die blank polierte Fläche eines Spiegels und erkennt an dem, was er erreicht hat, wer er geworden ist. Zugleich verkörpert er die Stimmung nach getaner Arbeit: Die Menschen begegnen einander offen und unbefangen, um miteinander zu reden, zu tanzen und sich den schönen Dingen des Lebens zu widmen.
Mit *See* wird eines der komplexesten Bedürfnisse des Menschen angesprochen – vielleicht gerade jenes Bedürfnis, das den Menschen von den übrigen Lebewesen auf dieser Welt unterscheidet: der Wunsch nach einem sozialen Miteinander. Jeder Mensch möchte auf irgendeine Weise dazugehören und nicht außerhalb des Kreises stehen. Wir brauchen eine Gemeinschaft, der wir etwas von uns beitragen können, die Interesse daran hat, dass wir uns einbringen. Diese Gemeinschaft stärkt uns den Rücken, gibt uns Unterstützung und ist Anlass zur Freude – gerne treffen wir uns in der Runde unserer Freunde, um Feste zu feiern und einfach das Gefühl von Gemeinschaft zu genie-

ßen. Dazu gehört aber auch, dass wir uns an bestimmte Regeln der Gemeinschaft halten, dass wir ehrlich miteinander umgehen und bereit sind, zu kooperieren und Rücksicht auf die Bedürfnisse anderer zu nehmen.

Für Kinder – «Mehr Raum für Miteinander»

Wenn Kinder ein Gefühl für ihren eigenen Wert bekommen können, für ihren Selbstwert, sind sie in der Lage, sich unabhängig zu fühlen und eine eigene Persönlichkeit zu entwickeln. Im Grunde würden sie sich selbst genügen – wenn nicht im Menschen der Wunsch nach dem Miteinander mit anderen Menschen angelegt wäre. Gerade auf der Grundlage des Selbstwertgefühls entsteht im Kind das Bedürfnis, etwas davon anderen mitzuteilen, anderen mit den eigenen Fähigkeiten zu helfen und mit anderen zusammen zu arbeiten. Aus diesem Bedürfnis nach einem spontanen Miteinander entstehen Gruppen, in denen Kinder die verschiedenen Facetten ihrer Persönlichkeit entdecken und trainieren können. Zu wissen, auf welchen Eigenschaften die eigene Persönlichkeit aufbaut, ist also die Grundlage für soziales Leben. Und zu wissen, dass andere Kinder ebenso eigene Persönlichkeiten sind, bildet das Fundament für Geduld und Achtung gegenüber anderen. Immer dort, wo Kinder zusammenkommen, kann man beobachten, wie sie mühelos in der Lage sind, von sich aus ein Miteinander herzustellen und zu kooperieren. Wenn diesen Prozessen genügend Raum gegeben wird, entsteht wie von selbst soziale Aktivität, die gekennzeichnet ist durch eine Form der Disziplin, die nicht von außen erzwungen werden muss.

Stärken Sie diesen Bereich für Ihr Kind …

… in Phasen, in denen es ihm schwer fällt, seine individuellen Bedürfnisse mit denen der Gemeinschaft in Einklang zu bringen.
… wenn es abseits steht, sich isoliert fühlt und keinen Anschluss an die Gemeinschaft findet, zum Beispiel bei Schwierigkeiten, sich in neue Kontexte zu begeben (Schule, Kindergarten).
… wenn es Schwierigkeiten hat, in der Familie, mit anderen Kindern, in der Schule zu kooperieren.

Himmel – das Bedürfnis nach Orientierung

Qian – das Schöpferische, Energie – Himmel – Nordwesten
Heilende Elemente: Metall, Wasser

Sich dem Leben anvertrauen

Die gewaltige Himmelskuppel ist über den Erdkreis wie ein riesiges schützendes Zelt gespannt. Hier residieren wohlwollende, Segen spendende Mächte, die dem Menschen Inspiration und Hilfe schicken, wenn er sich ihnen öffnet.
Der *Himmel* ist Sinnbild der Gesetzmäßigkeit göttlicher Ordnung, wie dies der regelmäßige Gang der Gestirne am Firmament zum Ausdruck bringt. Wenn wir dem Fluss des Lebens vertrauen, wird alles gut.
Der *Himmel* heißt auch «das Schöpferische», weil er eine unerschöpfliche Quelle der Kraft ist und den Kosmos nicht nur aufrechterhält, sondern in jedem Augenblick neu erschafft.
Unter Ordnung ist in diesem Zusammenhang das Bedürfnis zu verstehen, sich als Bestandteil eines größeren Ganzen zu fühlen und dort einen Platz einzunehmen. So wichtige Werte wie Gerechtigkeit, Frieden, Wahrheit und Schönheit haben hier ihren Platz. Die alten Chinesen assoziierten mit diesem Lebenswunsch die «hilfreichen Freunde» – damit war gemeint, dass es Kräfte gibt, die unser individuelles Leben übersteigen und einer höheren Ordnung folgen. Wenn wir in Kontakt mit diesen lebensbejahenden und schöpferischen Kräften sind, dann kommen uns gerade in dunklen Stunden unerwartet und überraschend Hilfe und Unterstützung entgegen: Wichtig ist nur, dem Leben zu vertrauen.
Dieser Bereich wird der Tradition nach dem Vater zugeordnet, vielleicht weil das Thema Ordnung und Gerechtigkeit mit den veralteten Bildern von der väterlichen Autorität in Zusammenhang gebracht wird. Hier gilt jedoch das Gleiche wie beim Bereich Erde: Das Stillen des kindlichen Bedürfnisses nach Ordnung ist unabhängig vom Geschlecht des Elternteils, sondern ist eine Aufgabe, die jedem obliegt, der mit der Fürsorge und der Erziehung von Kindern betraut ist.

Für Kinder – «Gib mir Orientierung!»

Kinder brauchen klare Vorbilder, damit sie lernen können, worauf es ankommt, ein gutes Mitglied der Gemeinschaft zu sein. Sie wissen nichts von der Welt der Erwachsenen mit ihren teils sehr komplizierten sozialen Regeln und Verhaltenscodes. Kinder haben selbst ein Bedürfnis nach Regeln, die es ihnen ermöglichen abzuschätzen, ob sie die Dinge richtig tun. Sie wollen wissen, ob sie den Tisch richtig gedeckt haben, ob sie ordentlich aufgeräumt haben, wie man am besten fragt, wenn man bei einem Spiel mitmachen möchte, und wie man um Hilfe bittet, wenn man mal etwas nicht kann. Es ist wichtig, dass Eltern ihren Kindern klare Verhaltensanweisungen geben, die nicht nur verständlich sein sollen, sondern auch praktisch: Sie sollen sich unmittelbar auf das gemeinsame Miteinander beziehen und dort auch gelernt werden können. Lernen heißt aber auch Fehler machen – und dies bedeutet, Toleranz, Großzügigkeit und Vertrauen gegenüber Kindern zu zeigen, wenn ihre Anstrengungen mal nicht ausreichen. Kinder orientieren sich an dem, was für sie wirklich ist: Das sind nicht in erster Linie Worte und Belehrungen, sondern das, was sie an uns sehen und erleben. Es ist daher wichtig, dass wir als Erwachsene das vorleben, was wir vermitteln. Nur so werden wir echte Bezugspunkte für unsere Kinder und zu Orientierungspunkten im Alltag. Wir werden zu echten «Freunden», die ihnen helfen, ihren Platz in der Gemeinschaft der Menschen zu finden.

Stärken Sie diesen Bereich für Ihr Kind ...

... wenn es sich schwer tut, (faire!) Spielregeln zu akzeptieren.
... in Phasen, in denen es die Spielregeln hinterfragt, um sich ein eigenes Bild von der Welt zu machen – so bleibt ihm der Weg zu eigenen Erkenntnissen offen, aber das Bewusstsein, Teil eines größeren Ganzen zu sein, bleibt erhalten.
... wenn es negative Erfahrungen mit Autoritäten gemacht hat und sich ungerecht behandelt fühlt (von Lehrern, Eltern, Verwandten etc.).

Wasser – das Bedürfnis nach Selbstschöpfung

Kan – das Abgründige, die Schlucht – Wasser, der Strom – Norden
Heilende Elemente: Wasser

Am Grund des Seins

Wasser liegt dem Bereich des Feuers genau gegenüber – der höchste Punkt des Sonnenlaufes über dem Horizont dem tiefsten unter ihm. Feuer als das aufsteigende Element ist ein ebenso treffendes Bild für den Zenith wie Wasser für den Fußpunkt der Welt: Es fließt stets nach unten und sammelt sich am tiefsten möglichen Ort. Nicht umsonst weckt dieser Bereich Bilder von Talschluchten und Klammen, an deren Grund sich der Strom des Wassers verborgen und doch kraftvoll und unaufhaltsam vorwärts bewegt.

In jedem Menschen steckt der Wunsch, schöpferisch aktiv zu werden und mehr aus seinem Leben zu machen. Wir wollen kreativ sein und unsere Träume und Fantasien zum Ausdruck bringen. Dazu benötigen wir Kontakt zu jenen Fähigkeiten und Kräften tief in unserem Inneren, die unser schöpferisches Potenzial darstellen. Mit diesen sind wir zur Welt gekommen, und sie wollen wir weiterentwickeln. Das Bedürfnis nach Schöpfung ist eng verbunden mit dem Wunsch nach Entwicklung, nach Ausprobieren und nach spielerischem Umgang mit dem, was uns begegnet. In der Art und Weise, wie wir mit der Welt umgehen und sie gestalten, erkennen wir uns als Persönlichkeit wieder. Der Lebenswunsch *Wasser* ist deshalb auch der Bereich, in dem wir am deutlichsten unsere Identität als Individuum spüren können. Hier finden wir Kraft, unser Leben ganz aus uns selbst zu schöpfen, indem wir dem in uns angelegten Bauplan als unsere eigenen Baumeister folgen.

Für Kinder – «Warum ich hier bin»

Was ist der Grund für meine Existenz? Warum bin ich auf der Welt? Vielleicht können Kinder diese Fragen nicht in einem philosophischen und abstrakten Sinn für sich erfassen, sicher aber ist, dass sie sich diese Fragen auf ihre Weise stellen –

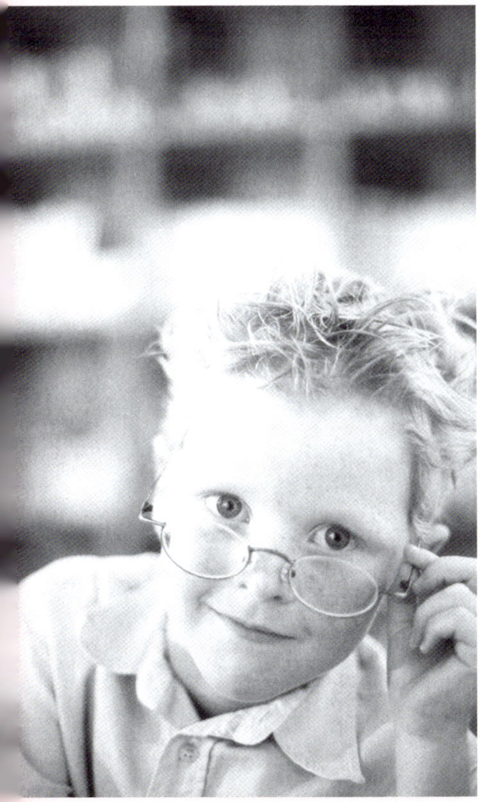

dies freilich eher in den Augenblicken, in denen sie zu sich finden und bei sich sein können, wenn sie also in Kontakt mit sich selbst stehen und in sich hineinspüren können. Dazu aber finden sie in unserer hektischen und sehr auf äußere Einflüsse ausgerichteten Welt immer weniger Raum: Der Lärm der Welt, die vielen multimedialen Reize, die auf die Kinder von allen Seiten einströmen, übertönen mittlerweile die zarte innere Stimme, mit der jeder Mensch geboren wurde und die sich auch schon im Kindesalter manifestiert: in besonderen Fähigkeiten und Begabungen, unseren Talenten. Ein Talent ist das Geschenk des Lebens an uns, damit wir es zur Entfaltung bringen und später in die Welt einfließen lassen, um sie zu bereichern. Das Bewusstsein, etwas Einzigartiges und Unersetzliches zur Welt beitragen zu können, entsteht schon früh und sucht sich seinen Ausdruck. Wenn dieser Ausdruck blockiert wird, wird Kindern die Chance genommen, ihrem eigenen inneren Ruf zu folgen und glücklich zu werden. Glück können wir nicht einem anderen Menschen einpflanzen, wir können es auch nicht anerziehen. Glück entsteht dann, wenn jeder Mensch so leben und wachsen darf, wie es seinen Möglichkeiten entspricht, wenn er bei allem, was er tut, immer weiß: «Das bin ich.» Jeder Mensch wird mit einem eigenen unverwechselbaren inneren Bauplan geboren – doch das Kind ist sein eigener Baumeister. Zu diesem Prozess können wir nicht viel mehr beitragen, als ihm Raum zu geben.

Stärken Sie diesen Bereich für Ihr Kind …

… in Phasen, in denen es großen äußeren Verwirrungen ausgesetzt ist, bei Verlusten, Trennungen usw.
… wenn es dazu neigt, sich zu sehr nach außen hin zu verausgaben und dadurch den Kontakt zu sich selbst zu verlieren droht.
… wenn es seinen Wert nicht aus sich selbst heraus bestimmen kann, sondern dazu neigt, sich von anderen abhängig zu machen.

Berg – das Bedürfnis nach innerer Ordnung

Gen – das Stillehalten, Begrenzung – Berg – Nordosten
Heilende Elemente: Erde, Metall

Konzentration auf die Mitte

Der *Berg* steht für die Kraft der Konzentration auf die Mitte hin, so wie die Masse des Berges vom Tal hin zum Gipfel strebt, auf den einen Punkt, an dem der Berg den Himmel berührt. Deshalb steht der Berg auch für den Ort, an dem alles seinen Anfang nimmt, und der Aufstieg auf den Berg ist gleichsam ein Reise an den Ort, an dem man mit sich eins ist, zu den eigenen Quellen, während der Abstieg symbolisch für das Ausbreiten der Persönlichkeit in der Welt steht – die «zehntausend Dinge». Wer den Aufstieg geschafft hat, der kann sich Zeit nehmen, die Vergangenheit in Ruhe zu betrachten.
Jeder Mensch braucht Zeit und Raum, um ganz für sich sein zu können. In diesem Freiraum sinnen wir über uns nach und suchen nach Antworten, die uns ein tieferes Verständnis von uns selbst geben können. Es geht um Selbsterkenntnis und darum, eine innere Ord-

nung zu finden, nach der wir die Eindrücke, die unser Leben gestalten, bemessen und verarbeiten können, um aus ihnen in Ruhe zu lernen. Dies ist Voraussetzung, um selbst schöpferisch auf die Welt einzuwirken. *Berg* steht für Geben und Nehmen, für einen Ausgleich zwischen Innen und Außen, für Klarheit darüber, was wir zur Welt beitragen können, um aus unserer Mitte heraus der Ursprung für einen neuen Anfang zu sein.

Für Kinder – «Gib mir Raum für Stille»

Wer Kindern beim Spielen zusieht, kann vielleicht Folgendes beobachten: Tief versunken beschäftigen sie sich mit einem Puzzle-Spiel oder dem Errichten eines Turmes aus Bauklötzen. Manchmal sind es Tätigkeiten, die nach außen keinen anderen Sinn zu haben scheinen, als das Zentrum der augenblicklichen Aufmerksamkeit zu sein – mit völliger Hingabe, nichts auf der Welt scheint ablenken zu können. Dann plötzlich lösen sie sich aus der Konzentration mit einem Ausdruck der Zufriedenheit im Gesicht. Maria Montessori nannte dieses Phänomen die «Polarisation der Aufmerksamkeit» und bemerkte, dass Kinder in diesem Zustand sich vollständig zu verändern schienen, ruhiger, erfüllter und inspirierter wurden. Grundsätzlich werden wir dieses Phänomen nur dann beobachten können, wenn es sich dabei um eine interessante, vor allen Dingen aber frei gewählte Aufgabe handelt. Ein Grund, warum immer mehr Kinder diesen Zustand nicht zur Genüge für sich ausschöpfen können, ist, dass wir sie mit zu vielen Angeboten überhäufen und meinen, wir müssten andauernd etwas mit ihnen unternehmen, um sie zu unterhalten. Doch dadurch nehmen wir ihnen die Chance, jene kostbaren Augenblicke zu erleben, in denen sie ganz im Kontakt mit sich selbst sind. Wir sollten sie dann tunlichst nicht stören, auch nicht helfend eingreifen, sondern abwarten, bis das Kind sich von selbst äußert. Das Wichtigste aber ist, dass wir Freiräume schaffen, in denen Ruhe und Konzentration möglich sind.

Stärken Sie diesen Bereich für Ihr Kind …

… wenn es nervös und überaktiv ist und sich nicht konzentrieren kann.
… wenn ihm die Geduld fehlt, eine Sache für sich zu einem Ende zu bringen, und es oft emotional überreagiert.
… in Phasen, in denen höhere Anforderungen an die Konzentration gestellt werden, und in besonders unruhigen Zeiten.

Symbole-
Lexikon

Aufbau und Anwendung der Symbole

Das Symbole-Lexikon ist gegliedert nach den fünf Elementen, sodass Sie je nach Anwendungsbereich schnell das für Sie richtige Heilmittel herausfinden können. Sie finden Hinweise auf Symbole, Pflanzen, Mineralien, Formen und Farben. Kombinieren Sie aus dieser Palette ein Heilmittel, das sich genau an den Bedürfnissen Ihres Kindes ausrichtet.

Bei der Auswahl der unterschiedlichen Entsprechungen sollten Sie sich jedoch folgenden Grundsatz einprägen:

→ Form geht vor Farbe, und Farbe geht vor Material.

Das heißt, dass bei einer Kombination der Ebenen stets die Form eines Gegenstandes den Ausschlag dafür gibt, welchem Element er zugeordnet wird.

Beispiel: Eine schwarze Pyramide aus Stein ist in erster Linie *Feuer* zuzuordnen (spitz zulaufende Form), in zweiter Instanz verkörpert sie die Kraft von *Wasser* (Farbe Schwarz), und zuletzt besitzt sie auch noch Bezüge zur *Erde* (Material Stein).

Formen, Farben und **Materialien** eignen sich sehr gut, um Dekorationen, Möbelstücke, Muster und andere Einrichtungsideen energetisch auf bestimmte Elemente abzustimmen, zum Beispiel beim Einsatz von Heilmitteln in den Ba Gua.

Bei **Geschmack und Geruch** finden Sie beispielsweise Anregungen für Düfte, die Sie in Form von Duftölen zum Einsatz bringen können. *Lassen Sie sich hier jedoch beraten, welche Duftöle für Kinder geeignet sind! Anstelle von Duftlampen, in denen das Öl verdunstet, bieten sich für Kinder Duftsteine an, auf die das Duftöl geträufelt wird.*

Unter **Speisen** finden Sie Nahrungsmittel, welche traditionell Qualitäten in sich tragen, wie sie einem Element zugeordnet werden. Es ist denkbar, bei einem offensichtlichen Mangel an einer bestimmten Qualität, eines der Nahrungsmittel auf den Tisch zu bringen oder einfach die Auswahl an Obst entsprechend zu gestalten. *Bitte bedenken Sie jedoch, dass es sich immer nur um ein zusätzliches Angebot handeln darf – eine ausgewogene Ernährung Ihres Kindes setzt eine gesunde Mischung aus allen* *möglichen Nahrungsmitteln voraus und darf auf keinen Fall auf einige wenige Nahrungsmittel reduziert werden!*

Gemeinsame Aktivitäten mit Kindern schaffen Verbundenheit und können bestimmte Energie-Defizite ausgleichen. Suchen Sie sich aus der Palette einfach etwas aus, das Ihnen und Ihrem Kind jetzt gerade gefallen und gut tun würde.

Spiele bieten Anregungen zu allen Möglichkeiten des spielerischen Umgangs mit den angesprochenen Qualitäten und können unter anderem auch als Grundlage für Geschenkideen nützlich sein.

Unter **Symbole** finden Sie eine Liste von Bildern, die Sie insbesondere in den entsprechenden Ba Gua verwenden können. Deshalb finden Sie zusätzlich eine Gliederung in die zugehörigen Bereiche der Acht Lebenswünsche. Um Ihnen die Entscheidung leichter zu machen, ist jedem Symbol ein Stichwort zu seiner Bedeutung beigefügt.

Ebenso werden **Blumen und Pflanzen** sowie **Mineralien und Metalle** jeweils nach den Ba Gua sortiert, um Ihnen das Auffinden geeigneter Heilmittel zu erleichtern. *Bitte beachten Sie, dass einige Pflanzen aufgrund ihrer Giftigkeit nicht dazu geeignet sind, in einem Kinderzimmer platziert zu werden. Es ist ohnehin besser, insbesondere blühende Pflanzen nur symbolisch, zum Beispiel als Foto oder als Bild, einzusetzen.*

Entsprechungen für Holz

Formen und Muster

Hoch und aufrecht, zum Beispiel hohe Regale, schmale Schränke, Stehlampen etc. Die Verwendung aufrechter Formen oder vertikaler Muster betont die aktive Seite eines Raumes und verleiht ihm einen geistigen Charakter. Weitere Formen: Blatt, Blitz, Ei, Facetten, Obelisk, Tropfen, Zylinder.

Farben

Grün und Blau. Diese Farben regen an, ohne aufzuregen, und stehen mit dem Gedanken der Erneuerung und des Neubeginns in Verbindung. Da Grün/Blau die Farben sind, die wir in der Natur am häufigsten finden, wirken sie harmonisierend und beruhigend auf uns.

Material

Holz, Weide, Rattan, Pflanzenfasern, überhaupt alles Pflanzliche und Pflanzen selbst. Sie erinnern uns an das Wachstum des Frühlings.

Geschmack/Geruch

Sauer, frisch, minzig, zum Beispiel Zitrusfrüchte, Pfefferminze, Ysop.

Speisen

Kiwi, Rhabarber, Zitrone, (grüner) Apfel, Johannisbeere, Sauerkirsche, Hagebutte. Grünes Gemüse, Salate, Sprossen, Sauerampfer, Sauerkraut. Huhn, Ente. Dinkel, Grünkern, Couscous. Dickmilch, Frischkäse, Sauerrahm. Essig. Hibiskustee, Malventee.

Tätigkeiten

Unternehmungen aller Art (zum Beispiel Ausflüge in die Natur oder in einen Freizeit- oder Tierpark, Spaziergänge), im Wald spielen, Naturbeobachtungen, Sport treiben, raufen, schreiben, zeichnen, malen, fotografieren.

Spiele

Bewegungsspiele, alle Spiele in der freien Natur, Schnitzeljagd, Fangen, Abenteuerspiele. Aber auch vorbereitete Besuche im Zoo, im botanischen Garten, ins Museum als Entdeckungsreise in unbekannte Welten. Spiele, bei denen die visuelle Wahrnehmung trainiert wird: «Ich sehe was, was du nicht siehst …» Bilder malen, fotografieren, durch ein Fernrohr oder ein Mikroskop gucken.

Symbole

Donner

Ei, Hahn, Schwalbe, Trommel, Turm, Wagen, Weg, Drache, Fuß, Straße, Bambus, Schilf, Keimlinge, Blüten

Wind

Feder, Fisch, Füllhorn, Hase, Pfau, Regenbogen, Schwein, Stier, Storch, Hahn, Vögel, Beine, Bäume, Wolken, Düfte, Windspiel, Mobile, Segel

Pflanzen

Donner

Birke, Ginster, Maiglöckchen, Primel, Weide, Bambus

Wind

Eberesche, Erdbeere, Kirsche, Orchidee, Pfingstrose. «Geldbaum»

Mineralien und Metalle

Donner

Alexandrit, Aventurin, Heliotrop, Saphir, Tigerauge, Turmalin

Wind

Bernstein, Chrysopras, Epidot, Jade, Porphyrit, Zirkon

Entsprechungen für Feuer

Formen und Muster

Spitz zulaufend, dreieckig, zum Beispiel eine Pyramide, Lampenschirme, dachartige Formen. Dreieckige und spitz zulaufende Formen und Muster sollten sparsam und ganz ihrem Charakter gemäß möglichst gezielt als dynamische Impulse eingesetzt werden. Weitere Formen: Herz, Kegel, Pfeilspitze, Flamme.

Farben

Alle Rottöne. Rot ist die seltenste Farbe in der Natur und erfüllt zwei entgegengesetzte Funktionen: Sie will warnen oder aber anlocken. Rot ist eine Signalfarbe und sollte entsprechend sparsam eingesetzt werden.

Materialien

Leder, Wolle, Fell, überhaupt alle Materialien, die von Tieren abstammen, also auch Knochen und Horn. Plastik gehört ebenfalls dazu, sollte aber besser das Material der letzten Wahl sein. Feuer-Materialien erschaffen eine warme, anregende Atmosphäre.

Geruch/Geschmack

Bitter, herb, zum Beispiel der Geruch von Fichtennadel oder Eichenmoos. Natürlich alle rauchigen Geruchsrichtungen.

Speisen

Holunderbeere, Grapefruit. Rosenkohl, Brennnessel, Endivien, Feldsalat, rote Beete, Artischocke, Chicoree, Löwenzahn, Rucola. Roggen, Buchweizen, Amaranth. Lamm, Ziege, Grillfleisch. Salbei, Bohnenkraut, Kurkuma, Oregano, Mohn, Rosenpaprika, Rosmarin, Thymian. Getreidekaffee.

Aktivitäten mit Kindern

Kochen, Backen, draußen spielen, am Lagerfeuer singen, am Kaminfeuer Geschichten erzählen, Witze erzählen, tanzen, rumalbern.

Spiele

Spiele, bei denen es um Humor, Spaß und Fröhlichkeit geht. Spiele, welche Spontaneität, Improvisation und Kreativität erfordern, die dazu aufmuntern, aus sich herauszugehen und sich auf andere gefühlvoll einzulassen. Theater spielen. Verkleidungs- und Rollenspiele.

Symbole

Feuer

Auge, rotes Band, Hirsch, Löwe, Pfau, Pferd, Schmetterling, Fasan, Sonne, Blitz, Gold, Räucherwerk, Licht(quellen), Kerzen

Blumen und Pflanzen

Feuer

Eiche, Iris, Löwenzahn, Sonnenblume, Rose

Mineralien und Metalle

Feuer

Ametrin, Aquamarin, Citrin, Feueropal, Gold, Pyrit, Rubin

Entsprechungen für Erde

Formen und Muster

Flach und rechteckig, zum Beispiel horizontal ausgerichtete Regale, Betten, Sofas, Teppiche, Tische etc. Weitere Formen: Würfel, Karo.

Farben

Gelb- und Brauntöne, Ocker. Diese Farben «erden» uns und erzeugen eine behagliche Atmosphäre. Brauntöne sollten jedoch kombiniert werden, da sie sonst leicht bedrückend und starr wirken, am besten mit Rottönen (zum Beispiel in Terrakotta).

Materialien

Ton, Ziegel, Stein, Keramik, überhaupt alle mineralischen Materialien. Sie geben uns das Gefühl von Festigkeit und Stabilität. Auch hier gilt: Kombinieren Sie diese Materialien mit beweglicheren Farben und Formen, um aus Stabilität keine Starre werden zu lassen.

Geruch/Geschmack

Süß, milchig, zum Beispiel Jasmin, Vetiver, Banane, Pfirsich, Vanille und Karamell. Schokolade entspräche im Übrigen einer Mischung aus *Erde* und *Feuer*.

Speisen

Aprikosen, Süßkirsche, Pfirsich, Rosinen, Datteln, Feigen, Äpfel, Banane, Birne, Trauben, Honigmelone, Mango, Papaya. Fenchel, Kürbis, Erbsen, Karotte, Kartoffel, Rotkohl, Wirsing, Aubergine, Blumenkohl, Broccoli, Mangold, Spinat, Gurken, Maroni, Nüsse. Kokosnuss. Reis (süß), Hirse, Mais, Polenta.

Rindfleisch. Tofu. Butter, Milch, süße Sahne. Estragon. Honig, Zucker, Sirup. Apfelsaft, Birnensaft, Traubensaft.

Tätigkeiten

Ruhen, schlafen, kuscheln, entspannen, sich zurückziehen, Körperpflege, gut essen, töpfern, zusammen im Garten arbeiten, singen.

Spiele

Spiele, die das Tasten, Fühlen und Schmecken stimulieren, bei denen man mit verbundenen Augen etwas tastend, schmeckend oder riechend erraten muss. Massage-Spiele, Spiele mit Körpereinsatz und Körperkontakt. Spiele, bei denen man anderen etwas Gutes tut. Singspiele.

Symbole

Erde	Berg
Kuh, Bauch, Mutter, weibliche Figur, Kessel, bauchiges Gefäß, Baumstamm, Quadrat, Anker, Burg, Acker, Delfin(paar), Elefant(enpaar), Ente(npaar), Hund, Schwan(enpaar)	Finger, Hand, Pfad, Steine, Türe, Samen, Truhe, Buch, Eule, Fels, Katze, Boot, Schild, Schlüssel, Turm, Weg

Blumen und Pflanzen

Erde	Berg
Apfel, Kürbis, Myrte, Nelke, Pfirsich, Pflaume, Rosmarin	Binse, Farne, Nadelholz, Feige, Krokus, Walnuss

Mineralien und Metalle

Erde	Berg
Amethyst, Feuerstein, Granat, gelber Jaspis, Karneol, Rosenquarz	Achat, Andalusit, Azurit, Bergkristall, Obsidian, Steinsalz, Topas

Entsprechungen für Metall

Formen und Muster

Rund, gewölbt, kugelig, zum Beispiel ein runder Tisch, ein runder Spiegel, ein rundes Fenster, ein Türbogen etc. Der Kreis ist die Form der Begegnung und deshalb insbesondere für die Gestaltung der Orte in Ihrem Lebensraum interessant, an denen Sie ein gleichwertiges Miteinander fördern wollen. Andererseits besteht auch hier durch zu perfekte Formen die Gefahr von Sterilität: Ein Kreis kann dann etwas Unnahbares und Unwirkliches haben. Ovale Formen können hier Abhilfe schaffen. Weitere Formen: Ei, Hufeisen, Lochscheibe, Mondsichel, Ring, Scheibe, Schild, Stern.

Farben

Weiß, Grautöne, Metallic. Wir müssen verschiedene Qualitäten von Weiß unterscheiden: Warme Weißsorten stehen für Licht und Transzendenz, kalte Weißsorten hingegen verkörpern zwar Reinheit, jedoch auch Sterilität. In unseren Wohnungen ist Weiß die beliebteste Wandfarbe. Beachten Sie jedoch, dass Weiß an sich zu Leblosigkeit tendiert. Zu viel Weiß kann daher einen Raum kalt und unwirklich erscheinen lassen.

Materialien

Alle Metalle. Die wenigsten Metalle haben eine wirklich lebendige, warme Ausstrahlung. Dies könnte man am ehesten Gold zusprechen. Setzen Sie Metall deshalb dort ein, wo Sie eine sachliche, nüchterne Atmosphäre erzeugen wollen.

Geruch/Geschmack

Scharf, zum Beispiel Pfeffer, Piment, Pepperoni, Radieschen, Zwiebel. Scharf kombiniert sich nach der Lehre des Feng Shui im Übrigen hervorragend mit Süß, wie zum Beispiel in den würzigen indischen Chutneys.

Speisen

Lauch, Meerrettich, Radieschen, Kresse. Hafer, Reis. Wild aller Art, Gans, Pute, Kaninchen. Würziger Käse. Curry, Dill, Kümmel, Lorbeer, Majoran, Schnittlauch, Senf, Thymian, Salbei. Yogi-Tee.

Aktivitäten mit Kindern

Freunde besuchen, Familientag, gemeinsames Essen, Spieleabend, Musik hören, musizieren, handwerklich tätig sein, basteln, ins Konzert gehen, Theater, Kino. Gemeinsam Ordnung schaffen.

Spiele

Alle Spiele, die im Kreis gemacht werden. Brettspiele. Spiele, die Teamwork erfordern. Spiele, welche die intellektuellen und mentalen Fähigkeiten anregen, Gedächtnisspiele.

Symbole

See

Schaf, Mund, Zunge, Worte, Buchstaben, Schriftzeichen, Anker, Brücke, Delfin, Hand, Insel, Kranz, Ohr, Rad, Taube, Uhr, Waage

Himmel

Pferd, Kopf, Vater, Sternenhimmel, Kreis, männliche Figur, Adler, Auge, Engel, Garten, Glocke, Hand, Hufeisen, Kelch, Rad, Regenbogen, Storch, Taube, Uhr, Wolken

Blumen und Pflanzen

See

Buchsbaum, Chrysantheme, Efeu, Gingko, Lorbeer, Lotos, Wein

Himmel

Anemone, Gänseblümchen, Haselnuss, Lilie, Margerite, Mistel

Mineralien und Metalle

See

Chalcedon, Fossilien, Kupfer, Türkis

Himmel

Falkenauge, Schneequarz, Smaragd

Entsprechungen für Wasser

Formen und Muster

Formlos, vielgestaltig, wellenförmig. Überall dort, wo wir keine eindeutigen Formen zuordnen können oder wo sich aufgrund der Vielfalt an Formen eher ein unregelmäßiges Gebilde ergibt, dominiert *Wasser*. Diese Formen schaffen eine Atmosphäre des Möglichen und inspirieren uns. Sie sollten jedoch nicht überhand nehmen, da sie sonst leicht eine chaotische Stimmung erzeugen. Weitere Formen: Trommelsteine, Tropfen, Spirale.

Farben

Schwarz, Indigo. Gehen Sie mit Schwarz sparsam und vorsichtig um, denn es deutet das Fehlen von Ordnung an. Schwarz zieht uns nach unten und sollte deshalb in der Hauptsache als Kontrast zu anderen Farben eingesetzt werden, sodass es seinen Sogeffekt nicht entfalten kann.

Materialien

Glas, zum Beispiel Glastische, Glasregale, Vitrine, Gläser, Vasen, Fensterscheiben, Glaskugeln etc. Glas ist kein Material, das Sie zu stark dominieren lassen sollten, da es kein Gefühl von Stabilität vermittelt.

Geruch/Geschmack

Salzig, nach Mineralien, neutral. Der Geschmack von Wasser.

Speisen

Erbsen, Linsen, Sojabohnen, Kichererbsen, Mungbohnen, Algen, Oliven. Schwein, Süßwasserfische, Salzwasserfische, alle Meeresfrüchte. Pökelfleisch, Räucherware, Schinken, Salami. Parmesankäse. Salz, Sojasauce, Tamari, Shoyu. Mineralwasser, Wasser.

Aktivitäten mit Kindern

Kreativ sein, im Internet surfen, gemeinsam einen Brief schreiben, ein Gespräch, gemeinsam nachdenken, Tagträumen, vorlesen, Bilderbücher anschauen, schwimmen gehen, meditieren, Wasser aufsuchen, baden.

Spiele

Spiele, die man gut für sich spielen kann. Fantasiereisen. Freies Malen, zeichnen. Musik machen. Yoga oder Qi Gong für Kinder. Spiele mit Wasser. Alle Spiele, die den Künstler im Kind wecken.

Symbole

Wasser

Schwein, Ohr, Schlucht, Mond, Silber, Welle, Wasserfall, Quelle, Brunnen, Meer, Muschel, Schiff, Spirale, Wald

Blumen und Pflanzen

Wasser

Schilf, Strelizie, Ingwerblüten, Gotu Kola, Wasser speichernde Pflanzen (Sukkulenten, keine Kakteen!)

Element	**Form**	**Farbe**	**Material**	**Geschmack/ Geruch**	**Eigenschaft**	**Gefördert durch**	**Ab- geschwächt durch**	**Kontrolliert durch**
Holz	hoch, aufrecht	Grün, Blau	Holz, Weide, Rattan, pflanzlich	sauer, frisch, minzig	Tatendrang, Mut	Wasser	Feuer	Metall
Feuer	spitz zu- laufend, dreieckig	Rot	Leder, Wolle, Fell, tierisch; Plastik	bitter, herb, rauchig	Begeisterung, Freude	Holz	Erde	Wasser
Erde	flach, recht- eckig	Gelb, Braun, Ocker	Ton, Ziegel, Stein, mineralisch	süß, milchig	Ruhe, Sicher- heit	Feuer	Metall	Holz
Metall	rund, ge- wölbt, kugelig	Weiß, Grau- töne, Metallic	Metalle	scharf	Gerechtig- keit, Konzen- tration	Erde	Wasser	Feuer
Wasser	formlos, vielgestaltig, wellenförmig	Schwarz, Indigo	Glas	salzig, neutral	Kommunika- tion, Tiefe	Metall	Holz	Erde

Der Drachenbaum

Ein Feng Shui-Märchen für Kinder und Eltern, erzählt von Mia Johansson

In einem kleinen Dorf, am Rande eines großen Sees, lebten Lucia und ihr kleiner Bruder Rasmus. Als eines Tages der See anfing auszutrocknen und die Tiere und Menschen jeden Wassertropfen wie kostbarstes Gold behandeln mussten, konnten bald die Felder nicht mehr bestellt werden, und die Ernte war so spärlich, dass eine große Hungersnot ausbrach. Da beschlossen die Eltern, den Hof zu verlassen, um nicht vor Hunger umzukommen.

Das machte die Kinder sehr traurig, und als sie in der Nacht vor Tränen nicht einschlafen konnten, beschlossen sie, noch vor Tagesanbruch loszuziehen, um Hilfe zu suchen.

Auf leisen Sohlen verließen sie das schlafende Dorf und gingen der Sonne entgegen. Als sie den ganzen Tag gewandert waren und es schon dämmrig wurde, schlugen sie ihr Lager bei einer uralten Eiche auf. Und um vor den wilden Tieren Schutz zu suchen, kletterten sie auf den mächtigen Baum und verbargen sich in seinen ausladenden Ästen und Zweigen.

Der Wind fuhr durch die Blätter des Baumes, und ein sanftes Rauschen erfüllte die Luft. Gerade als sie die Augen schließen wollten, hörten sie eine tiefe Stimme, die zu ihnen sprach. Es war die Stimme des Baumes, auf dem sie saßen. «Habt keine Angst, liebe Kinder. Ich kenne eure Not und will euch helfen.» Vor Schreck wären die beiden fast runtergepurzelt, fassten sich aber ein Herz und fragten, was zu tun sei. «Geht weiter Richtung Osten. Ihr werdet in einen tiefen Wald geraten, der ein wunderliches Schloss birgt. Dort werdet ihr Hilfe finden.»

Nach diesen Worten hörte der alte Baum zu reden auf und stand schweigend da wie zuvor.

Als die Sonne gerade aufging, machten sich die Kinder wieder auf den Weg und aßen die Beeren und Wurzeln, die sie in dem dichten Wald finden konnten.

Plötzlich hörten sie jemanden um Hilfe rufen. Als sie der Stimme nachgingen, fanden sie einen Hasen, der unter einem Baumstamm eingeklemmt war und um sein Leben zitterte. Zu zweit befreiten sie das Tier, das es ihnen dankte und ihnen den Weg zum Schloss zeigte.

Da tat sich mit einem Mal eine Lichtung auf, und sie standen vor einem großen Schloss mit schmalen Zinnen und hohen Türmen, die wie die höchsten Bäume zum Himmel ragten. Das grüne Blättergewand des Waldes spiegelte sich in den blau schimmernden Fenstern – aber es fand sich keine Eingangstür. Da klopften die Kinder an das Mauerwerk, und es wurde von oben ein dickes Seil zu ihnen hinuntergelassen, an dem ein Korb hing. Eines nach dem anderen ließen sie sich in die Höhe ziehen.
Am höchsten Turm des Schlosses angekommen, standen sie vor einer schmalen Tür, die sich ächzend öffnete. Heraus trat eine wunderschöne Frau in einem langen Mantel, so grün wie der Wald selbst und so blau wie der Himmel im Frühling, die sprach:
«Was führt euch zu mir? Lange hat es keinen Wanderer mehr hierher verschlagen. Ich bin die Herrin der Wälder. Und da ihr meinem Bruder, dem Hasen, aus seiner Not geholfen habt, seid meine Gäste.»
Nachdem die Kinder die Einladung dankend angenommen hatten, wurde herrlich gespeist, und sie berichteten der Herrin des Waldes von ihrem Kummer und wie schlimm es um das Dorf ihrer Eltern stand. Die Herrin des Waldes nickte und versprach zu helfen. Nun sollten sie aber erst einmal schlafen und zu Kräften kommen. Sie bettete die beiden Kinder in herrlichen grünen Zimmern, und während sie einschliefen, lauschten sie dem Gesang der Bäume, der durch die Fenster zu ihnen drang.
Am Morgen verabschiedete sie die Waldfrau mit folgenden Worten:
«Geht weiter Richtung Süden und begehrt Einlass im goldenen Schloss der Sonne. Ich gebe euch als Geschenk diesen grünen Stein. Verwahrt ihn wohl. Er wird euch bald dienlich sein.»
Die Kinder bedankten sich herzlich, steckten den grünen Stein in die Tasche und brachen auf. Als sie sich umblickten, um der feinen Dame noch einmal zu winken, war das Schloss verschwunden.
Nachdem sie viele Tage gewandert waren, versperrte ihnen eine große Wüste den Weg. Die Sonne stand hoch am Himmel, und eine sengende Hitze beherrschte das Land. Sie erinnerten sich aber an die Worte der Herrin des Waldes und setzten mutig ihren Weg fort, mitten in die Wüste hinein. Es dauerte nicht lange, und sie konnten kaum mehr weiter, so heiß war es, und so groß wurde ihr Durst. Da hörten sie ein mächtiges Brüllen, dem folgten sie, bis sie zu einer Höhle gelangten. In dieser lag ein großer Löwe auf dem Boden und leckte sich seine Pranke. Als er die Kinder bemerkte, sagte er:

«Helft mir, ihr Menschenkinder! In meiner Pfote steckt ein Dorn. Wenn ihn niemand herausholt, muss ich hier den Tod finden.»
Zuerst hatten die beiden große Angst vor dem wilden Tier, dann aber fassten sie sich ein Herz und zogen gemeinsam den Stachel heraus. Der Löwe sprang mit einem Satz auf und brüllte so fürchterlich, dass sie dachten, ihr letztes Stündlein hätte geschlagen. Aber dann sagte er freundlich:
«Steigt auf meinen Rücken. Zum Dank trage ich euch zum Schloss der goldenen Sonne.»
Auf dem Rücken des Löwen sausten sie über die Dünen, bis sie zu einem goldenen Schloss kamen, das mit seiner höchsten Spitze die Sonne berührte.
Der Eingang zu dem Schloss war ein flammender Feuerring, durch den der Löwe mit einem gewaltigen Satz sprang. Kaum war er auf seinen Pfoten gelandet, befanden sie sich in einem prächtigen Palast, der überall glitzerte und funkelte.
Vor ihren Augen verwandelte sich der Löwe in einen Mann mit einer goldenen Krone und einem Mantel aus Löwenfell, der sprach:
«Ich bin der Herr des Feuers. Noch nie hat ein menschliches Wesen hier Einlass gefunden, aber da ich euch großen Dank schulde, bitte ich euch, meine Gäste zu sein.»
Die Kinder nahmen dankend an und wurden aufs köstlichste bewirtet. Als der Herr des Feuers von ihrem Kummer gehört hatte, versprach er am nächsten Morgen zu helfen, wie es in seiner Macht stand. Die Nacht verbrachten sie in goldenen Betten und lauschten dem leisen Zischen der Flammen vor den Toren des Schlosses.
Am nächsten Morgen verabschiedete sie der Herr des Feuers und gab ihnen einen rot leuchtenden Stein, den sie wohl verwahren sollten.
«Folgt diesem gewundenen Pfad bis an sein Ende. Dort werdet ihr zu einem Schloss in einem Berg gelangen. Dort lebt die Mutter Erde. Vielleicht kann sie euch weiterhelfen.»
Sie bedankten sich herzlich und brachen sogleich auf. Als sie noch einmal zurückblickten, um zu winken, war das Schloss wie vom Erdboden verschwunden.
Nach einer Weile kamen sie in ein grünes Tal, in dem wunderschöne Obstbäume wuchsen und Blumen süß dufteten.
Als sie sich gerade an den Früchten labten, hörten sie ein lautes Geschrei. Dem gingen sie schnell nach, und in einem verlassenen Stall fanden sie eine Kuh mit prallem Euter, neben der eine weiße Katze saß. Die Katze sprach die Kinder flehentlich an:
«Wollt ihr nicht der armen Kuh helfen? Seit drei Tagen und Nächten wurde sie nicht mehr gemolken,

und ihr Euter wird immer dicker. Wenn sich keiner erbarmt, muss sie wohl sterben.»
Obwohl sie von ihrer Wanderung ganz müde waren, machten sie sich sogleich an die Arbeit, molken das dankbare Tier und gaben der Katze von der guten Milch zu trinken.
Darauf zeigte die Katze ihnen zum Dank den Weg zur Mutter Erde und führte sie vor einen herrlichen grünen Hügel. Als sie mit der Pfote auf der Erde scharrte, tat sich eine kleine Tür auf, und die Kinder krochen hinein.
Im Berg aber schien eine eigene Sonne, und ein warmer Wind strich über die Landschaft, in deren Mitte sich ein Schloss befand, das sich an den Boden schmiegte und über und über mit Moos und Gräsern bewachsen war. Türen und Fenster waren ganz von Blumen umrankt, und es duftete herrlich.
Da ging eine Tür auf, und heraus trat eine alte Frau in gelbem Gewand. Sie trug einen grünen Kranz auf dem Kopf, und die Katze sprang sogleich auf ihre Schulter.
«Seid willkommen und meine Gäste. Ihr habt euch um mein Vieh wohl gesorgt. Dafür sollt ihr belohnt werden. Ich kenne eure Sorgen bereits. Morgen früh werde ich euch helfen. Nun aber stärkt euch ein wenig.»
Wieder aßen sich die Kinder an üppig gedeckten Tischen satt und schliefen in warmen Erdhöhlen, wo sie den Herzschlag der Erde spüren konnten.
Am nächsten Morgen wurden sie liebevoll verabschiedet und bekamen als Geschenk ein Säckchen voll mit Samen und einen gelb leuchtenden Stein.
Die Mutter Erde riet ihnen, in Richtung Westen weiterzugehen, um das Schloss der Spiegel zu suchen. Dort würden sie weitere Hilfe finden.
Als sie viele Tage gewandert waren und müde und hungrig nach einem Platz zum Schlafen suchten, sahen sie am Wegesrand einen verletzten Adler liegen, der schon halb tot war. Sie hoben ihn auf und trugen ihn mit sich, um ihn nicht seinem Schicksal zu überlassen. Bald kamen sie zu einem tiefen Erdspalt, über dem ein dichter Nebel lag.
Sie wussten nicht, wie sie diese Schlucht überwinden sollten. Da sprach der Adler:
«Stellt euch an den Rand der Schlucht und ruft laut euren Namen. Der Wind wird ihn auf die andere Seite tragen.»
Die Kinder befolgten den Rat des Vogels und staunten nicht schlecht, als plötzlich aus dem Nebel eine Brücke auftauchte, deren Ende sie nicht sehen konnten. Sogleich setzten sie ihren Weg fort und kamen zu einem großen Schloss, das sich aus den Nebeln mit einer

gewaltigen silbernen Kuppel erhob. Anstelle von Fenstern und Türen befanden sich überall Spiegel.
Eine Spiegeltür öffnete sich, begleitet von einem plötzlichen Windstoß, und heraus trat eine schlanke Gestalt in einem prächtigen Federgewand, die zu ihnen sprach: «Seid willkommen im Schloss der Spiegel. Ich schulde euch meinen Dank. Ihr bewahrtet meinen Freund, den Adler, vor dem sicheren Tod. Ich bin der Herr der Winde. Seid meine Gäste.»
Die Kinder nahmen dankend an und erzählten dem Herrn der Winde, wie auch den anderen zuvor, von ihrem Schicksal und fragten ihn um Rat. Er versprach, am anderen Tag Hilfe zu gewähren. Als sie sich satt gegessen hatten, wurden sie in ein glänzendes Schlafgemach geführt und in angenehm kühle Betten gelegt, geschmückt mit den Federn aller Vögel dieser Welt. Das Wispern des Windes sang sie in den Schlaf, und sie träumten von ihren Eltern.
Als der Herr der Winde sie am nächsten Morgen verabschiedete, gab er ihnen einen glänzenden Kelch und einen glitzernden weißen Stein, den sie wohl verwahren sollten. Er gab ihnen den Rat, nach Norden zu gehen.
Sie dankten sehr und machten sich abermals auf die Reise, und als sie sich umblickten, um die Schönheit des Schlosses noch einmal zu bewundern, war es verschwunden.
Ihr Weg führte sie in eine tiefe Schlucht, durch die ein wilder Bach rauschte. Bald konnten sie ein gewaltiges Tosen hören, das einem mächtigen Wasserfall gehörte. Da sahen sie mit Schrecken, dass ein schwarzes Fohlen in die Fluten gestürzt war und vergeblich versuchte, dem Strom zu entkommen. Mit vereinten Kräften zogen sie das Fohlen unter Gefahr des eigenen Lebens an seiner Mähne heraus und führten es mit sich. Als die Nacht aber so dunkel geworden war, dass sie den Weg nicht mehr kannten, setzten sie sich traurig und müde auf einen Stein. Da fing das Pferdchen an zu sprechen und sagte: «Ihr seid wohl auf dem Weg zur Herrin des Wassers. Steigt auf meinen Rücken. Ich bringe euch zu ihrem Schloss.»
Sie kamen zu einem großen See, und ehe sie sich's versahen, sprang das Pferdchen mitten hinein. Unter Wasser aber war eine eigene Welt mit einem eigenen Mond, der heller schien als der auf der Erde. Bald kamen sie an ein Schloss, das von Perlmutt glänzte und sich wie eine Spirale in den Himmel erhob. Als das Pferdchen wieherte, tat sich eine Tür auf, und heraus trat eine wunderschöne Frau mit einem dunkelblauen Gewand, voll Perlen bestickt. Auf dem Kopf trug sie eine Krone

aus Seeanemonen, die sich in der Strömung sanft wiegten, und sprach mit freundlicher Stimme:
«Seid willkommen, liebe Kinder. Ich bin die Herrin der Wasser. Ihr bringt mir das Wertvollste zurück, das ich besitze, mein schwarzes Fohlen. Dafür schulde ich euch meinen Dank. Tretet ein in mein Haus, und seid meine Gäste.»
Sie gab ihnen zu essen und zu trinken, und als sie von ihrem Kummer gehört hatte, versprach sie, am andern Tag zu helfen. Dann bettete sie die Kinder in große Muscheln, und bald fielen sie beim sanften Plätschern des Wassers in einen süßen Schlaf. Am nächsten Morgen erwachten sie frisch und erholt.
Als der Abschied gekommen war, sagte die schöne Frau: «Bald ist eure Reise zu Ende. Hier habt ihr mein Geschenk.»
Und sie gab ihnen eine Muschel mit einer schwarzen Perle darin. «Verwahrt die Perle mit den anderen Gaben, dem grünen, roten, gelben und weißen Stein, den Samenkörnern von Mutter Erde und dem Kelch des Herrn der Winde, denn ihr werdet sie bald brauchen. Mein Pferdchen wird euch zu einem alten Baum führen. Unter seinen Wurzeln schlafen zwei Drachen, welche eine Quelle bewachen, aus der das Wasser des Lebens sprudelt. Weckt sie auf und macht ihnen die Steine zum Geschenk. Sie werden euch helfen, euer Dorf zu retten.»
Dankbar verabschiedeten sich die Kinder und folgten dem Pferdchen, das sie zu einer alten Eiche führte. Und siehe da! Es war derselbe Baum, auf dem sie Schutz gesucht hatten in der ersten Nacht und der zu ihnen so freundlich gesprochen hatte. Da freuten sie sich sehr, denn nun wussten sie, dass sie ihrem Dorf und den lieben Eltern, die sich schon große Sorgen machen mussten, nicht mehr fern waren.
Das schwarze Fohlen begann nun bei den Wurzeln des Baumes auf den Boden zu stampfen, und die Kinder taten es ihm gleich. Da öffnete sich ein Spalt unter dem Baum, und die beiden Kinder nahmen allen Mut zusammen und sprangen hinein. Dort unten fanden sie in einer wunderbaren Höhle zwei Drachen, die eng ineinander verschlungen dalagen und schliefen. Sie leuchteten und glitzerten in den schönsten Farben. Bald erwachten sie aus ihrem Schlaf und fragten die Kinder mit sanfter Stimme, was sie hierher geführt hätte.
Da berichteten die Kinder den wunderbaren Wesen von ihrer großen Not und reichten ihnen den grünen Stein des Waldes, den roten Stein des Feuers, den gelben Stein der Erde und den weißen Stein des Windes zum Geschenk. Zuletzt gaben sie den Drachen die schwarze

Perle aus dem Wasserschloss. Da sprachen die Drachen: «Die Dinge auf der Erde sind aus dem Gleichgewicht geraten. Wir haben wohl zu lange geschlafen. Doch dank eures Muts und eurer Hilfsbereitschaft habt ihr den Weg zu uns gefunden und uns aus dem Schlaf erlöst. Unsere Zeit ist gekommen.»
Sie nahmen die Geschenke der Kinder dankbar an und ließen sie mit ihrem Kelch vom Leben spendenden Wasser schöpfen und rieten ihnen, die Samen der Mutter Erde auf die Felder zu legen und das Wasser des Lebens in den ausgetrockneten See zu gießen.
Die Kinder bedankten sich sehr und stiegen aus der Tiefe wieder empor. Endlich liefen sie der Heimat entgegen und kamen in ihr Dorf. Die Eltern waren überglücklich, die für verloren gehaltenen Kinder wieder in die Arme zu schließen, und alle weinten und lachten zusammen vor Freude.
Wie die Drachen sie geheißen hatten, vergruben sie die Samen in der Erde und gossen das Wasser in den See. Und als am nächsten Morgen die Strahlen der aufgehenden Sonne die Menschen weckten, stand auf den Äckern das schönste Getreide, und die Fische sprangen munter im klaren Wasser des Sees.
Jedes Jahr im Frühling aber führten die Kinder die Menschen zu dem alten Baum, wo sie sangen und tanzten und die ganze Nacht feierten und den Drachen Geschenke brachten, damit sie nie wieder so lange schliefen.

Literaturverzeichnis

Eckert, Achim: Das heilende Tao. Freiburg 2002

Gibran, Khalil: Der Prophet. Zürich 1997

Kalbantner-Wernicke, Karin: Die fünf Elemente im Leben von Kindern. München 1998

Klein, Margerita, und Weidner, Christopher: Ich bin schwanger: Feng Shui für Mutter und Kind, Reinbek 2002

Montessori, Maria: Kinder sind anders. München 1992

Montessori, Maria: Kinder, Sonne, Mond und Sterne. Freiburg 2000

Piaget, Jean, und Inhelder, Bärbel: Die Psychologie des Kindes. München 2000

Preuschoff, Gisela, und Cremer, Andrea: Sturm und Stille. Freiburg 2002

Temelie, Barbara, und Trebuth, Beatrice: Die Fünf-Elemente-Ernährung für Mutter und Kind. Sulzberg 1994

Weidner, Christopher: Die Gesetze des Feng Shui. München 2000

Wichtmann, Gerda: Kinder brauchen Orientierung. Freiburg 1997

Bildnachweis

→ Image Source AG
Seiten 1, 2, 4, 9, 12, 18, 22, 26, 40, 43, 53, 57, 69, 73, 77, 80, 87, 95, 101, 104, 118

→ Brand X Pictures
Seite 33

→ Photo Disc®
Seiten 51, 110, 114

→ Good Shoot
Seite 62

→ Zeichnungen
Christopher A. Weidner

Über den Autor

Christopher Weidner

studierte Mediävistik, Indogermanistik und nordische Philologie. Neben intensiver Beschäftigung mit Mythologie und Märchenkunde widmete er seine Aufmerksamkeit seit 1992 fernöstlicher Philosophie, darunter auch Feng Shui nach Feng Huang. 1994 schloss er die Ausbildung an der Schule für Transpersonale Astrologie (TPA) unter Leitung von Michael Roscher und Brigitte Hamann ab.

1996 gründete Christopher Weidner das Projekt «Phoenix Astrologie»; seitdem ist er bekannt geworden durch zahlreiche Artikel in Fachzeitschriften und viele Vorträge zu astrologischen Themen und Feng Shui. Schwerpunkte seiner Arbeit sind heute die Entwicklung innovativer Ansätze in der Astrologie und im Feng Shui in Verbindung mit modernen und alten Erkenntnistechniken wie Aufstellungsarbeit und schamanischen Praktiken.

In München leitet er seit 2003 eine Praxis für Systemische Therapie, Astrologie und Feng Shui.

Bei Interesse an der Arbeit des Autors besuchen Sie die Homepage www.phoenix-astrologie.de oder schreiben Sie an

Christopher A. Weidner
Fraunhoferstr. 13
D-80469 München
Tel./Fax 089 / 229 647
E-Mail: info@phoenix-astrologie.de

Veröffentlichungen

- *Kinderhoroskope richtig deuten.* Nymphenburger, München 2000
- *Astrologie für Einsteiger.* Droemer Knaur, München 2001
- *Das Arbeitsbuch zum Horoskop.* Droemer Knaur, München 2001
- *Feng Shui Taschenkalender 2005.* Ludwig, München 2004
- *Tierkreiszeichenreihe Astrologie für die Sinne.* Falken, Niedernhausen 2002
- *Feng Shui für zwei.* Rowohlt, Reinbek 2003
- *Finde deine Träume.* Ludwig, München 2003

Weitere Titel s. Literatur, S. 127

- *Entdecke den Schamanen in dir.* Knaur, München 2003
- *Astrologie des Glücks.* Knaur, München 2003